ヘーゲル（再）入門

川瀬和也

Kawase Kazuya

a pilot of wisdom

目次

第三章　行為の不確実性

第五章　本質・根拠・必然性

第六章　概念と弁証法

図版作成・レイアウト・三一～三六頁目次作成／MOTHER

はじめに

ヘーゲル哲学の「流動性」

「ヘーゲルの哲学」と聞いて、皆さんは何を思い浮かべるだろうか。もちろん本書は予備知識を前提としない入門書であるから、全くイメージがないという方もいるかもしれない。しかし、哲学に興味のある読者の皆さんには、「西洋近代哲学を完成する壮大な体系を打ち立てた哲学者」というイメージが浮かんだ方も多いのではないだろうか。

実はこの「体系の完成者」というイメージは、一九九〇年代にはすでに研究者の間では過去のものとなっていた。[*1] それでも、「デカルトが創始した合理論的な近代哲学と、その対抗馬たるジョン・ロックのイギリス経験論をカントが総合し、ヘーゲルがそれを改良、完成させた。これを批判するところからマルクス、ニーチェを経て現代へと連なる現代哲学が展開された」という教科書的なストーリーの図式的なわかりやすさには、抗《あらが》いがたい魅力がある。このストーリーが、「カレーととんかつを合わせてカツカレーを作るように、あるテーゼ（正）と、それに対立するアンチテーゼ（反）をアウフヘーベンして、総合的なジンテーゼ（正）へと至る。ヘーゲルはこれを弁証法として定式化した」という単純化されたヘーゲルのイメージと結びつくと、どうしても「西洋近代哲学の完成者ヘーゲル」という幻想が復活してきてしまう。

　西洋近代哲学の完成者ヘーゲルというイメージが根強いのには、これに加えてもう一つ理由があるように思われる。それは、「完成者」としてのヘーゲル像に代わる、新たなわかりやすいヘーゲル像が存在しないということだ。ヘーゲルが実は何かを完成してなどいないのだとしたら、結局ヘーゲル哲学とは何だったのか？　それをつかむための「取っかかり」すらない状況が続けば、一握りの研究者を除く多くの人々がヘーゲルから関心を失ってしまうのも無理はない。その結果、「完成者」という古いイメージだけが、いまだに一人歩きしているのではないか。

ヘーゲル（1770～1831）

　私は本書で、その「取っかかり」として、「流動化する、ダイナミックな体系を作ろうとした哲学者」というヘーゲル像を提案したい。もちろん私も、ヘーゲル哲学を一言で要約することがいかに乱暴なことかは理解している。実際、ヘーゲル哲学には、この言葉だけでは汲《く》み尽くせないさまざまな側面がある。それでも、新たな入門者にとっては、どうしても「取っかかり」となるようなイメージが必要だ。そして入門書の使命の一つは、その「取っかかり」を提供することにあるだろう。

いま「取っかかり」と言ったが、この言葉は、ヘーゲル哲学を一言に要約してしまうことへの逡巡《しゅんじゅん》を表現するために選択したものでもある。くれぐれも、本書がヘーゲル哲学の全てを最終的に明らかにした、とは受け止めないよう、注意してほしい。本書が提示するヘーゲル像は、皆さん一人一人が自らヘーゲルのテクストと格闘し、自らのヘーゲル像を作り上げるための「取っかかり」にすぎない。

なぜ「流動性」か

それにしても、なぜ流動性が重要なのだろうか。これはもちろん本書の全体を通じて論じていく課題ではあるのだが、あらかじめ大雑把なイメージの次元で、この概念に注目する理由を示しておきたい。

ヘーゲルのテクストは難しい。私事で恐縮だが、地方の公立高校で受験勉強しかしていなかった私が初めてヘーゲルの著作を開いたのは、大学生になってからのことだった。『精神現象学』の序文と序論の難しさに辟易《へきえき》して読み飛ばし、「感覚的確信」と題された本論に進むと、これが輪をかけて読みにくい。世界にはこんなにも難しい書物が存在するのかと、そして人間はこんなにも読みにくい文章を書くことができるのかと驚いた。そもそも文章を読んでいるようにすら思われず、かろうじて文字が書かれているということだけがわかる、そんな感覚を味わった。卒業論文こそ暗中模索の中でどうにか書き上げたものの、ヘーゲルを「読んでいる」という感覚を持てるようになったのは、修士論文を書き上げたころだったように思う。

しかし、ここからが重要なのだが、「読める」あるいは少なくとも「読んでいるように感じられる」ようになってからも、現在に至るまで、ヘーゲルのテクストを読むことには、ほかの著者の著作を読むときとは異なる、独特の感覚が伴っている。ヘーゲルを読んでいると、文字や文章そのものが、モゾモゾと動き出すような感覚に襲われるのだ。これは、ほかの多くの哲学者のテクストや、あるいはそれ以外の文章一般を読むときにはない感覚である。もちろん実際に文字が動いているわけではない。そうではなくて、ヘーゲルの思考のダイナミズムがそのまま文章に投影されているように感じられるということだ。ヘーゲルは同じ概念を何度も何度も検討し、その意味を明らかにしていく。油断していると、同じ言葉が――同じ段落の中ですら――違う意味で使われることもある。これは読者泣かせであるし、現代の文章の書き方のルールからすれば御法度でもある。しかしヘーゲルが「読める」ようになってくると、これが著者とともに思考するよう読者を促すための「仕掛け」だということがわかってくる。

これこそが、本書が注目する「ヘーゲル哲学の流動性」である。この「流動性」の感覚をつかむことが、ヘーゲル哲学に入門するためにはどうしても必要なのではないか。あるいはそれが言いすぎだとしたら、少なくとも「流動性」に着目することが、私自身にとってそうだったように、ヘーゲル哲学を理解するための「取っかかり」として有効なのではないか。この仮説に基づき、本書は書かれている。

二つのヘーゲル批判

私が流動性を強調するもう一つの理由として、「硬直した体系」という正反対のイメージがヘーゲルにつきまとっていることが挙げられる。二〇世紀以後の哲学史においてヘーゲルに向けられた二つの批判は、そのことを象徴している。一つは、英語圏を中心に現代まで展開されてきた分析哲学の創始者の一人、バートランド・ラッセルによるものである。そしてもう一つは、フランス現代思想の最重要人物、ジル・ドゥルーズによるものだ。*2

ラッセルはヘーゲル哲学を、合理的かつ精神的な単一の絶対的実在として世界を把握するものだとした。その上で、彼自身の「論理的原子論」の立場を背景に、このような描像は私たちの認識の実態に合わないとした。一方のドゥルーズは、ヘーゲル哲学は「差異」を捉えることのない同一性の体系であるとした。いずれの批判においても、ヘーゲル哲学は閉鎖的かつ硬直した体系の中に全てを押し込める窮屈な哲学だと見られているように思える。こうした見方は、「近代哲学の完成者ヘーゲル」や「ヘーゲル弁証法＝正反合」という古いヘーゲル観に親和的でもあるだろう。

ここで、二〇世紀の哲学史に興味を持つ読者に向けて、簡単な補足を加えておこう。ラッセルのヘーゲル批判の背景には、一九世紀末から二〇世紀初頭にかけて、「イギリス観念論」とも呼ばれるヘーゲル主義哲学がイギリスで隆盛を誇っていたことがある。また、ドゥルーズの批判を正確に理解するには、コジェーヴやイポリット、コイレらによる、二〇世紀フランスにおけるヘーゲル受容を丹念に追いかける必要があるだろう。これらはいずれも、二〇世紀の哲学史を考える上で興味深いエピソードであり、その内実には検討の余地がある。しかしそれを検討することは、本書の主題ではない。ここではむしろ、ラッセルやドゥルーズの批判がさらに単純化されて理解され、それが「近代哲学の完成者」や「硬直した閉鎖的な体系家」というヘーゲル像の再生産に寄与したことを強調したい。

これらの批判によって想起される「硬直した体系」のイメージは、本書で提起する「流動性の哲学者」としてのヘーゲル像の対極にある。ここに、ヘーゲル哲学の「流動性」の側面を強調したいと私が考える二番目の理由がある。「硬直した体系」という先入見のゆえに、「流動性」の側面は、ヘーゲルを読み慣れない者にとってとりわけ見落とされやすくなっているのである。しかも、「流動性」の側面を把握しておくことは、ヘーゲルを読むにあたってぜひとも必要なことなのだ。それゆえ、ヘーゲル哲学の特徴として流動性を強調することによって、ヘーゲルへのよくある、かつ重大な誤解を解くことができると考えた。

ヘーゲルの「主著」とは?

さて、本書では、ヘーゲルの二つの主著、『精神現象学』と『大論理学』を扱う。しかし、『精神現象学』はともかく、『大論理学』の知名度は他の著作にも劣る。おそらく一般にヘーゲルの著作として広く知られているのは、『精神現象学』『法の哲学』『歴史哲学講義』の三つで、『美学講義』や『宗教哲学講義』『哲学史講義』がそれに続く、といったところではないだろうか。このため、なぜ『精神現象学』と『大論理学』を扱うのかについては述べておく必要があるだろう。

その最大の理由は、ヘーゲルが生前にまとまった研究書の形で公刊した書籍が、『精神現象学』と『大論理学』の二つだけであり、それゆえこの二冊がヘーゲルの主著と見なされるべきだということだ。これら以外のヘーゲルの著作は、「生前にまとまった研究書の形で公刊した書籍」とは言えない。ヘーゲルの著作についての入門を兼ねて、その理由を述べたい。

まず、『法の哲学』について。この書物は、大学の授業のための教科書である。現在普及している岩波文庫版の表題『法の哲学――自然法と国家学の要綱』を注意深く読むとわかるが、この著作はあくまでも「要綱」なのだ。そのため、非常に簡潔な叙述スタイルがとられている。しかも、この著作には詳しい「補遺」がついているのだが、この「補遺」は、ヘーゲル自身の手になるものではなく、講義を聴講していた学生たちのノートをもとに、ヘーゲルの没後に編《へん》纂《さん》されたものである（学生時代の私などは「本文はわからないが補遺はわかりやすい」という感想を持っていたが、その後「ヘーゲルが書いた文章はわからないが弟子による解説はわかる」ということでしかなかったと知って軽い絶望を覚えた）。もちろんこの著作は、ヘーゲルの法哲学や政治哲学を理解する上では最重要の著作であるし、ヘーゲルの考えを知る非常に重要な手がかりとなる書物である。しかし、「主著」や「まとまった研究書」と呼ぶには心許《こころもと》ないのもまた事実である。

『法の哲学』と同様の成立事情を持つ著作に、『エンチュクロペディー』がある。これは「論理学」「自然哲学」「精神哲学」の三部門に分かれた、射程の広い著作だ。岩波書店版の全集では『小論理学』『自然哲学』『精神哲学』と別々の著作のようになっているため、こちらのタイトルをご存じの読者もいるかもしれない。この『エンチュクロペディー』も、『法の哲学』と同じく、講義で補足することを前提に、簡潔なスタイルで書かれている。そして詳しい「補遺」は、ヘーゲルの没後に編纂されたものだ。さらには、こちらも正式タイトルは『哲学的諸学のエンチュクロペディー要綱』と、「要綱」が入っている。したがってこの書物も、ヘーゲル哲学を知るのに非常に重要な資料ではあるが、それでも主著と呼ぶには心許ない。

次に、各種講義録について述べたい。『歴史哲学講義』や『宗教哲学講義』のように末尾に「講義」と付く諸著作は、その名のとおり講義録である。これらはもともと、ヘーゲルが急逝したのちに、友人や弟子たちの手によって、講義録を再編集して作られたものである。したがってこれらは厳密にはヘーゲルの「著作」ですらない。しかも講義録の編纂は、約一〇年にわたる複数回の講義をパッチワーク的に組み合わせるという方法で行われたことが明らかになっている。近年ではこのことへの反省に立って、講義を聴講した学生の筆記録やヘーゲル自身によるメモが本にまとめられて新たな全集として公刊され、文献学的な研究が進められているが、これらもヘーゲルの「著作」でないことに変わりはない。しかも、その全貌はいまだ明らかになっていない[*3]（その証拠に、二〇二二年には、新たに講義ノートが五箱分も発見されたというニュースもあった）。

これらの教科書類と講義録のほかに、短い論文や草稿、また書簡なども残されている。これらももちろんヘーゲルが考えていたことを知るための重要な資料であるが、これらが「主著」にあたらないことは説明不要であろう。

したがって、ヘーゲルが研究書として読まれることを念頭に執筆した、かつまとまった分量を持った著作は、『精神現象学』と『大論理学』の二つしかないのである。ヘーゲル哲学にアプローチするにあたって、これら二冊を主著として扱うことは少なくとも恣意的な選択ではなく、むしろ自然なことである。なお、『精神現象学』と『大論理学』の概要と位置づけについては、第一章および第四章でそれぞれ詳述する。

なぜヘーゲルは難しく書いたのか

本書では、読者の皆さんに、ヘーゲル哲学の内容をかみ砕いてお伝えするだけでなく、「ヘーゲルを読むこと」の面白さを肌で感じていただくことも目指したい。このため、ここでヘーゲルを楽しんで読むための留意点についても述べておこう。

一度でもヘーゲルの文章に自力で挑戦したことのある方ならご存じだろうが、ヘーゲルの文章は非常に読みにくい。読み慣れてくると、その読みにくさの中にヘーゲルなりの試行錯誤の跡を感じることもできるようになるのだが、そう言われても初心者のうちは泣かされることの方が多い。というより、泣かされない箇所を探す方が難しいだろう。

こんな脅すようなことを言うのは、読者の皆さんのモチベーションを削《そ》ぐためではない。むしろその逆である。もしあなたがヘーゲルの著作に挫折したことがあるとしても、あるいは本書を読み進める中で、ヘーゲルから引用された文章が意味不明に思われたとしても、それはあなたの能力不足のせいではない。ヘーゲルは、初学者が一読してわかるように書いてくれてはいないのだ。もし最初から意味がわかった方がいれば、申し訳ないがあなたはほぼ確実に誤読している。むしろ意味がわからなかった方こそ、文章の読み方の基本が身についていると言ってよい。安心してほしい。

　ヘーゲルの文章はなぜこんなにも難しいのか。想像するしかないのだが、ここでは三つの可能性を考えてみたい。一つ目は、ヘーゲルは途方もなく文章が下手だった、というものだ。もし現代日本の大学で、学生がヘーゲルのような文章で卒業論文を書いてきたら、間違いなく全文の書き直しを命じられるだろう。現代の文章作法では、自分の言いたいことを、なるべく誤解のないように、正確に読者に伝えることが最重要視される。この観点から言えば、ヘーゲルの文章は落第である。

　しかしこの「ヘーゲル文章下手仮説」はおそらくあたらないだろう。このように考える理由として（さすがにそうは考えたくないということのほかに）、ヘーゲルの文章が常に凶悪なまでに難解なわけではない、ということが挙げられる。例えば初期に政治的なパンフレットとして書かれた草稿「ドイツ憲法論」などの文章は、流麗な文章かということは措《お》くとしても、『精神現象学』や『大論理学』のような難解な文章ではない。

二つ目の可能性として、論じられていることがらの複雑さゆえに、どうしても難解になってしまうのだ、ということが考えられる。この仮説は間違っているとまでは言えないが、それだけでヘーゲルの文章の難しさを全て説明することはできない。ヘーゲルの文章の難しさの何割かは、格闘した問題の難しさに由来する。しかし、本当にそれだけだろうか。例えばヘーゲルに先行するカントの文章も難解で「悪文」と言われることもあるが、読者になるべく誤解されないように書こうという努力は感じられる。これに対して、ヘーゲルにはそうした努力の形跡があまり認められないのである。なお、外国の哲学書の読みにくさは、翻訳者の責に帰せられることがしばしばあるが、少なくともヘーゲルについてはこれもあたらない。ヘーゲルの文章はドイツ語で読んでも読みにくい。

第三の可能性は、ヘーゲルはわざと難しく書いている、というものだ。そうはいっても、読者に意地悪をしようとしているわけではない。そうではなくて、ヘーゲル哲学の難解さは、哲学的思考のプロセスを言語で表現するための、ヘーゲルなりの工夫に由来しているように思われる。しばしば論理的な明晰《めいせき》さは、文章の巧みさとしての「レトリック」と対比される。この言葉を使えば、ヘーゲルはロジカルさを犠牲にして、自分なりのレトリックを追求していると言ってよいかもしれない。

このことは、本書のテーマである「流動化」にも関わる。ヘーゲルの書く文章は、なかなか焦点が定まらず、像を結ばない。これは、難解なレトリックによって読者の思考をぐらつかせ、流動化させることが、哲学的な思考を展開する書物にはどうしても必要だ、とヘーゲルが考えていたためではないか。

なお、私はこのヘーゲルのやり方に敬意を払い、一定の意義を認めるが、しかし哲学書の文体としてどのようなものがふさわしいかという問題について、完全にヘーゲルに合意しているわけでもない。その証拠に、私自身の文章ではヘーゲルのような難解な書き方を採用していない。その理由は、どれだけロジカルな明晰さを追求しても、複雑な事象に正面から向き合う限り、難解で思考をぐらつかせられる、流動的な箇所は残ると考えるからである。むしろ明晰な文章を追求すればするほど、どうしても明晰に書くことができない部分、最も流動的な部分がいわば浮き彫りとなって姿を現してくる、というのが私の考えだ。したがって、哲学的思考の流動性を文章で表現するべきであるというヘーゲルの考え方（だと私が理解するもの）には共感するが、その手段として難解なレトリックが最適であるとは考えていない。

さて、ヘーゲルの読み方という問題に戻ろう。一人の書き手として同意するか否かにかかわらず、ヘーゲルが難解なレトリックを採用している以上、読者としてはそれに付き合わざるをえない。ヘーゲルが仕掛ける流動化のレトリックになるべく辛抱強く寄り添い、自分自身の思考がぐらつく感覚を味わうことができたとき、ヘーゲルの文章から最も多くの教訓を引き出すことができる。

私自身、ヘーゲルを読むことは「コストパフォーマンスが悪い」のではないかと悩んだこともある。たしかに、ヘーゲルを読むのは難しく、その意味で「コスト」がかかる。しかしじっくりと付き合えば、かけたコストに見合う「パフォーマンス」を得ることができる。そのことを理解するためにも、ヘーゲルが何を狙ってこんなにも難解な文章を書いたのかに気づく必要がある。そしてそれに気づくためにも、「流動化」の重要さを知っておくべきである。

本書の構成

以上で本書の方針は十分明らかだろう。第一に、本書ではヘーゲル哲学の「流動性」という側面に光をあてる。そして第二に、本書ではヘーゲルの主著である『精神現象学』と『大論理学』を主に扱う。これによってヘーゲル哲学へのよくある誤解を解き、初学者がヘーゲル哲学にアプローチするための「取っかかり」を提供したい。以下、本書のあらましを予告しておく。

第一章から第三章では、『精神現象学』を扱う。この第一の主著の「序文」では、「流動性」と「流動化」が印象的な仕方で登場する。第一章ではこのことを確認したい。第二章では、私たちの認識についてヘーゲルが『精神現象学』で論じている箇所を取り上げる。また第三章では、行為についての議論を取り上げる。これらを通じて、『精神現象学』の中に見出《みいだ》せる流動性を明らかにしたい。

第四章から第六章では、『大論理学』に焦点を定める。『大論理学』は、「存在論」「本質論」「概念論」という三つの部分に分かれている。本書もこれに合わせて、第四章では「存在論」、第五章では「本質論」、第六章では「概念論」を扱う。『大論理学』はヘーゲル哲学の理論的支柱となっている著作でもある。この三章を通じて、この著作の全体を流動性が覆っていることが理解されるはずである。

これらに加えて、第七章では現代のヘーゲル解釈として、フランスのカトリーヌ・マラブーが『ヘーゲルの未来』で展開した解釈と、アメリカのロバート・ブランダムが『信頼の精神』で展開した解釈を取り上げる。これら現代のヘーゲル解釈においても、ヘーゲル哲学の流動性という特徴が重要な役割を果たしている。

最後にヘーゲルのテクストとその引用について触れておきたい。本書ではヘーゲルからの引用を多用しているが、それらは基本的に全て私自身が訳出している。その上で、現在標準的となっているドイツ語版全集 *Gesammelte Werke*（Felix Meiner 社刊）の巻数・頁数を示した。対応する邦訳については、本書の執筆時点で読者が入手しやすいものという観点から、『精神現象学』についてはちくま学芸文庫版の『精神現象学（上・下）』（熊野純彦訳、二〇一八年）を使用し、その上・下の別と頁数を示した。『大論理学』については知泉書館から公刊されている新しい「ヘーゲル全集」の巻数と頁数を示した。頁数は、洋書についてはアラビア数字、和書については漢数字を用いた。ヘーゲル以外のテクストについてはそのつど註などで出典を示している。引用文中の中略は〔…〕、原典にない補いは〔　〕内にいずれも小字で示した。傍点は原典における強調（イタリック）である。

また、ヘーゲルを読み慣れない多くの読者に配慮して、『精神現象学』と『大論理学』の目次を付し、本書で取り上げた箇所を示しておく。目次については、本書で触れた箇所は細かなところまで表示し、触れていない箇所については大幅に簡略化している。

『精神現象学』目次

※傍線部は、実線が第一章、破線が第二章、波線が第三章で取り上げた箇所。

C（AA）理性

V　理性の確信と真理

A　観察する理性

a　自然の観察

b　純粋な自己意識の観察と、外的現実と関係する自己意識の観察
——論理法則と心理法則

c　自己意識とその直接的現実との関係の観察
——人相術と頭蓋論

B　理性的自己意識の自己自身による現実化

a　快楽と必然性

b　心の法則とうぬぼれの狂気

c　徳と世相

C　本来のあり方を自覚して自らに対して実在する個人性

a　精神的な動物の国と欺き、あるいはことそのもの

b　立法する理性

c　法を吟味する理性

『大論理学』目次

※傍線部は、実線が第四章、破線が第五章、波線が第六章で取り上げた箇所。
※※「存在論」は初版の目次。版の異同については第四章を参照。

第一章　『精神現象学』と流動化

一　『精神現象学』とはどのような書物か

第一の主著、『精神現象学』

本章では、『精神現象学』序文において「流動性」と「流動化」について論じられる箇所を詳しく見る。これを通じて、このヘーゲルの主著と、そこに表現されるヘーゲル哲学の性格を明らかにする。まずはその準備として、『精神現象学』という書物に関する基本的な事項を確認しておこう。

『精神現象学』は、一八〇七年に出版されている。最初の印刷は三月ないし四月だとされており、ヘーゲルは一七七〇年八月生まれだから、三六歳のときである。彼にとって初めて自らの思想を体系的に展開した著作であり、大きな志を抱いての執筆であったことは想像に難くない。

ちなみに三〇代半ばは現代日本でも多くの研究者が初めての単著を出版する年代だ。もちろん国も時代も大学制度も異なるが、若手研究者による入魂の一冊、というイメージを重ねても大きく外れはしないだろう。のちにベルリン大学学長となるヘーゲルが出世街道を進む足がかりとなった一冊、と言うこともできる。後世への影響から見ても、ヘーゲル哲学を人類史上の遺産にまで高めた、広い意味でのヘーゲルの「出世作」である。

『精神現象学』の公刊以前にも、ヘーゲルは多くの論文を発表している。また、公刊に至らなかった草稿も多く残されており、現代のヘーゲル全集にはこれらも収録されている。公刊以後に目を向けると、本書第四章以後で扱う『大論理学』の第一巻第一分冊「存在論」が五年後の一八一二年に公刊され、その後一八一三年の同第二分冊「本質論」、一八一六年の第二巻「概念論」と続く（詳しくは第四章を参照）。ここまでおよそ一〇年。ヘーゲルの執筆活動が最も盛んだった時期である。その後、教科書としての『エンチュクロペディー』初版（ヘーゲルがハイデルベルク大学に勤めていた時代に出版されたことから研究者の間では『ハイデルベルク・エンチュクロペディー』として知られる）が一八一七年、『法の哲学』が一八二〇年に出版されるが、ここまで含めても、ヘーゲルの執筆活動は二〇年足らずの間に集中している。その後のヘーゲルは、これらの著作の改訂と、講義を通じて口頭で思想を伝えることに活動の軸足を移していく。

これらの事実は、『精神現象学』執筆時点で、ヘーゲル哲学が生成途上の段階にあったことを示している。私たちは、あたかも古典的なテクストが最初から全てこの世界に存在していたかのように見てしまいがちである。しかし、当然ながら、『精神現象学』執筆時点のヘーゲルは、その後の「ヘーゲル哲学」の全体を見通せていたわけではない。それどころか、『精神現象学』という著作については、執筆の過程でヘーゲルが全体の構想を改めざるをえなかったということも、研究者の間では広く知られている。

このことは一方では、ヘーゲルの思索の展開を、草稿にまで遡って、あるいはほかの哲学者との関わりやヘーゲルの生涯そのものとも関連づけながら、時系列的に跡づけていくアプローチの重要性を示している。そのような研究は「発展史研究」と呼ばれる。そして発展史研究を堅実に進めるためには、ヘーゲルが何をどのような順番で書いたのかを確定させる文献学的な研究も重要である。このようなスタイルの研究が、二〇世紀以後、ドイツを中心に、日本でも旺盛に続けられてきた。

他方でこのことは、古典的な著作を読む際には、原著者が十分に論じきれなかった箇所を解釈によって補う、創造的な読みが必要となることを示してもいる。つまり原著者であるヘーゲルと一緒になって、ヘーゲル哲学を作っていく、という態度が求められる。本書はこのアプローチを採用し、「流動性」という観点を重視した創造的な読みを提示することを目指している。

「導入」または「学の体系・第一部」としての『精神現象学』

『精神現象学』を読むにあたって注意すべきことがある。それは、ヘーゲルはそもそもこの著作において、自身の哲学を全面的に開陳することを目指してはいない、ということだ。『精神現象学』は、彼の哲学体系への「導入」の役割を持つということがしばしば指摘される。「導入」と訳される「アインライトゥング Einleitung」というドイツ語は、英語にすれば「イントロダクション」、すなわち序論ないし入門である。浩瀚《こうかん》かつ難解な『精神現象学』は、実は入門編にすぎない。気が遠くなるようだが、さしあたりこのことを事実として押さえておこう。

また、『精神現象学』が当初「学の体系」の「第一部」として構想されていたことも、多くの研究者によって注目されている。「第一部」ということは、「第二部」が続くということだ。実はこのことと先ほど指摘した「導入」としての性格には齟齬《そご》がある。「第一部」であるならばそれはすでに本体の一部であって、「導入」ではないはずだ。これについても研究者の間では論争の蓄積があるのだが、本書ではそこには立ち入らない。ここで確認したいのは、「導入」にせよ、「第一部」にせよ、『精神現象学』がヘーゲル哲学ないしその体系の全体ではないことだけは明確だ、ということである。

このことは、ヘーゲル哲学を学ぶにあたって、『精神現象学』だけでなく『大論理学』をも視野に収めるべきだと私が考える理由でもある。『精神現象学』だけを読んで『大論理学』を読まないのは、ヘーゲル哲学の入り口を少し覗《のぞ》いただけで引き返してしまうようなものである。石清水八幡宮《いわしみずはちまんぐう》が山上にある男山の麓の寺社に行っただけで参拝が済んだと思い込んで引き返してしまったという、『徒然草《つれづれぐさ》』第五二段「仁和寺《にんなじ》にある法師」さながらである。「仁和寺にある法師」は笑い話の類いだが、ヘーゲル哲学については多くの入門者がそれと同じコースをたどってしまう。もちろんそうなるのは『精神現象学』がそれだけでも十分面白く、またそれだけで挫折してしまうほどに難解でもあるからだが、それにしてもいささかもったいない。本書で『大論理学』にも光を当てているのは、このような考えからだ。

トピックの多彩さ

さて、『精神現象学』には、実にさまざまなトピックが登場する。その雰囲気をつかんでいただくために、ざっと内容を書き出してみよう。「今」や「これ」についての知識が一番確実なのではないか、という「感覚的確信」の検討に始まり、対象とその性質の関係を考える「知覚」章を経て、科学的説明や法則について論じられる「悟性」章へと至る。「自己意識」章では他者が登場し、有名な「主人と奴隷」についても扱われる。ストア派や懐疑主義という哲学史的なトピックもある。「理性」章では生理学的な話題から、ゲーテの戯曲『ファウスト』のような文学作品、そして人間の行為の問題まで出てくる。「精神」章ではギリシャ悲劇『アンティゴネー』を題材にした「人倫」論や、革命前のフランスを舞台にした教養・疎外論。そこから啓蒙《けいもう》思想やフランス革命を経て道徳と良心へと話題が移り変わる。さらに芸術や宗教が扱われ、「絶対知」へと至る。

いかがだろうか。『精神現象学』では、このように非常に多様な、雑多とすら言いたくなる種々の題材が次々と登場する。しかも『精神現象学』の叙述においては、これらのトピックは単に羅列されるのではない。そうではなく、あくまでも一つながりの叙述として提示されているる。詳しく言えば、「意識」と呼ばれる主人公が、これらの多様なトピックを順々にたどっていくという体裁がとられている。しかもその際に、その順番も意味を持った、必然的なものとして語られるのだ。

こうなると気になるのは、『精神現象学』全体を貫くテーマは一体何なのか、ということだ。『精神現象学』という書物を通じて、ヘーゲルは結局何をしようとしたのだろうか。

二　つぼみから花へ、花から果実へ

「弁証法」への誤解

『精神現象学』はどのような書物なのか。その「序文」で述べられていることをもとに考えてみよう。「序文」の冒頭近くに、有名な「つぼみ」と「花」、そして「果実」を用いた比喩がある。この比喩はしばしば、ヘーゲル哲学の用語として最も有名な「弁証法」と関連づけて紹介される。しかし実はこの比喩は、弁証法を説明するために用いられているわけではない。このことを順を追って理解することが、『精神現象学』をどう読むべきかを考えるためにも役立つ。

弁証法については、「テーゼ（定立）」「アンチテーゼ（反定立）」「ジンテーゼ（綜合《そうごう》定立）」、あるいはこれを短くした「正・反・合」の図式で説明することがよく行われる。そしてこの図式は、折衷案を案出するための図式としてしばしば理解される。しかしこのような理解は、哲学史上や世の中一般にヘーゲル哲学がどのようなものとして受容されているかを知るためには役立っても、ヘーゲル哲学の実像を知り、実際にヘーゲルを読んでいきたいと考える者にとっては、残念ながら全く役に立たない。

ヘーゲル哲学にはどうしてもこのような、一般的な理解のされ方と実像とのギャップがつきまとう。これについて、現代アメリカの著名なヘーゲル研究者テリー・ピンカードも同様のことを述べている。二〇〇〇年に公刊されたヘーゲルの伝記の序文から引用しよう。

ヘーゲルは、教養ある人ならほとんど皆、多少はわかっているつもりになっている、そんな哲学者の一人である。彼の哲学はカール・マルクスの歴史哲学の先行者であるが、唯物論者だったマルクスとは違ってヘーゲルは観念論者であり、実在とは究極的に精神的なものであると考え、またそれがテーゼ・アンチテーゼ・ジンテーゼのプロセスを通じて発展すると考えた。*1

ピンカードはこの次の段落で、ここで述べたことは「最初の一文を除いて」、つまり、皆がヘーゲルについてわかった気になっているということを除いて、「全て誤っている」と皮肉たっぷりに指摘する。ピンカードはこう指摘したあとで、その発端がハインリヒ・モーリッツ・ヒャリュボイスという哲学者にあったことを紹介している。ヒャリュボイスがヘーゲルの死後に、ヘーゲル哲学を「正反合」として定式化したからだ。ピンカードは、ヘーゲルがこのような定式化を一度も用いていないとも指摘している。*2

たしかに、ヘーゲル哲学＝「弁証法」＝「正反合」という図式は、西洋哲学史の紹介において一般的なものであり、教養として西洋哲学史を知っておきたい読者にとって、この図式を知っておくことには意義があろう。しかし、この図式はヘーゲルが提示したものではない。ヘーゲルの著作の中に「正反合」を探そうとしたことがある読者はきっと、それがどこにも見つからないことに面食らったに違いない。[*3]

そもそも「正反合」図式としての弁証法が、ヘーゲル哲学の中心概念であり、その最大の成果であるという見方には奇妙なところがある。このことに気づくために、専門的な議論に立ち入る必要はない。二つの対立意見があるときに折衷案を作るということは、人々が日常的に行っていることである。そもそも「折衷」という日本語の単語は、ヘーゲル哲学よりもずっと古い歴史を持っている。もちろん対立を擦り合わせて折衷することは重要な知恵ではあろうが、それにわざわざヘーゲルの名前を冠してありがたがる必要はなさそうだ。

また私は、入門者を惑わすという点でも、この図式によるヘーゲル理解には問題があると考えている。ヘーゲル哲学は、何にでも適用できる万能のフレームワークを提供することを目指していない。むしろヘーゲルは、そのようなフレームワークを壊していくことの重要性を指摘する。「正反合」図式としてのヘーゲル哲学、という先入観を持ってしまうと、ヘーゲル哲学のこの側面、本書が強調したい流動化の側面が余計に見えづらくなってしまうのである。

つぼみ・花・果実の弁証法?

先に述べたとおり、「正反合」図式とセットで、「つぼみ」「花」「果実」の「弁証法」について言及されることがしばしばある。それによると、つぼみを「正」、花を「反」に当てはめ、両者を総合すると「合」としての果実に到達できるとされる。私自身も高等学校の「倫理」でこのように習った記憶があるし、学習指導要領の改訂を経た近年の「倫理」の教科書でも同様に説明されているようだ。

しかし、この説明にも、弁証法を折衷案の案出のように解釈する説明と同じく、明らかにおかしなところがある。花がつぼみに対立し、それを否定するというのは、比喩表現として受け入れられよう。しかし、つぼみと花を合わせると果実になる、というのは比喩としても理解が難しい。花はつぼみと合わさることなく、それだけで果実へと成長するだろう。「つぼみ」「花」「果実」の比喩を、「正反合」図式で解釈するのは難しいように思われる。

たしかにヘーゲルは、『精神現象学』において、実際にこの「つぼみ」「花」「果実」の比喩を用いている。しかしながら、その比喩によって説明されているのは「弁証法」ではないし、まして「正反合」ではない。テーゼとしてのつぼみ、アンチテーゼとしての花、ジンテーゼの果実、という奇妙な図式は、この比喩を無理矢理「正反合」に当てはめようとしたために誕生したものだと考えられる。それではヘーゲルはこの比喩を使って何を言おうとしたのだろうか。

植物の比喩と流動性

実はヘーゲルがこの比喩で語ろうとした内容こそ、「流動性」の重要さなのである。実際の文章にあたってみよう。『精神現象学』全体の二段落目にあたる箇所で、ヘーゲルは次のように書いている。

つぼみは、それを破って花が現れるときに消えてなくなる。そして、「つぼみは花によって否定されたのだ」と言われることもあろう。同様に、果実によって、花は植物の偽りの現存在であると宣告される。そして、植物の真理として、果実が花の位置を占めるようになる。これらの形態は互いに異なっているだけでなく、互いを相容《あいい》れないものとして排除し合いもする。

(GW9, 10; 上一二)

「はじめに」で散々述べたことであるが、それにしてもヘーゲルの文章は難解だ。しかしそれだけに、頭をひねって理解する喜びもある。ひるまずに、順に注目すべきところを見ていこう。引用のはじめの部分では、つぼみが花によって否定され、花が果実によって否定されるということが述べられている。それらは「正反合」で上昇するのではなく、互いを相容れないものとして排除し合うとされる。

ここまでのところでは、ヘーゲルが「正反合」のようなことを述べていないことはわかっても、では何が言いたいのか、ということはまだつかみにくい。それを理解するには、この比喩の続きを読まなければならない。

しかし、植物の流動的な本性は、それらを同時に有機的統一の諸契機とする。その統一においては、それら諸契機は互いに対立しないだけでなく、それぞれが他と同様に必要である。そしてこの同等の必然性がはじめて、全体の生を可能とするのである。

（GW9, 10; 上一二〜一三）

ここまで読むと、ヘーゲルが言いたいことがだんだんとわかってくる。つぼみがなくなって花が咲き、花が枯れて実がなる、ということを漫然と見ていると、これら三つの段階は互いに対立し合っているように見える。しかし本当はこれら三つの要素の全てを備えているからこそ、植物は生命をつないでいくことができる。

なお、「諸契機」という言い方は耳慣れないかもしれないが、全体の中の要素としてのみ存在するもののことを、ヘーゲルは契機と呼ぶ。ここはその典型的な用法だ。本書でも何度も出てくるので、頭の片隅に置いておこう。

さて、本書にとって重要なのは、「植物の流動的な本性」が、このことを成り立たせているのだということだ。植物はそもそも、つぼみにとどまり続けるようにはできていない。つぼみ

図1　「正反合」か、有機的な統一か?

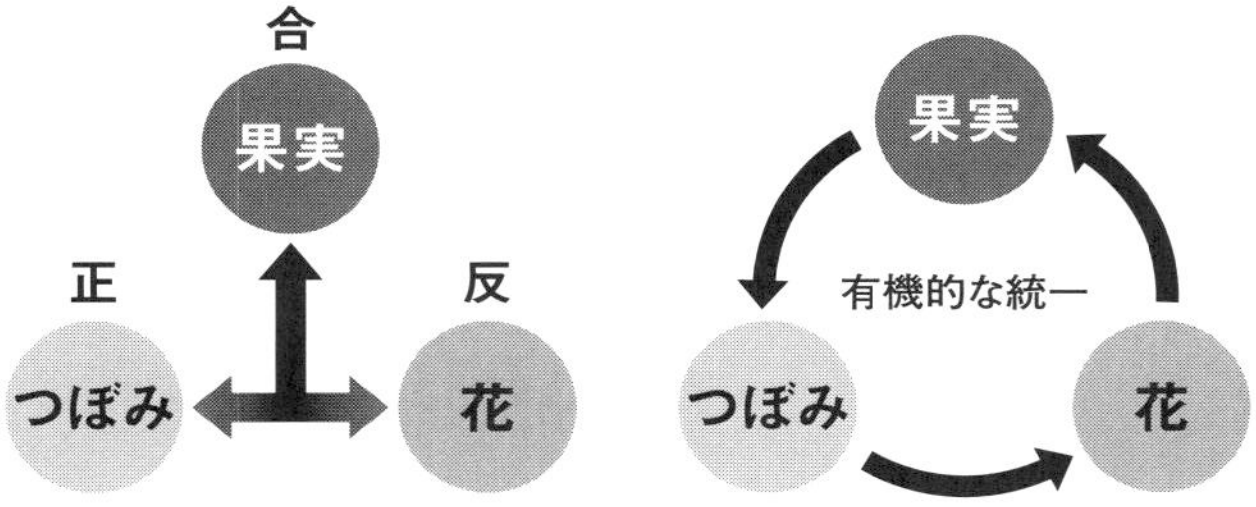

が花に、花が果実に変化するということが、植物であるということ、有機体であり生命であるということの本性である。こうして流動性をその本性として持つものの中では、対立するかのように見えた諸契機が一つの全体をなし、全てが等しく必然的なものとして存在する。こうヘーゲルは論じている。

哲学論争と植物の比喩

これまで、この植物についての叙述は比喩だと述べてきた。次に何を言うための比喩なのかを見てみよう。それは、互いに対立するように見える哲学体系の扱い方について述べるための比喩である。そう言えるのは、先ほどの引用の直前の箇所で、ヘーゲルが次のように述べているからだ。

真なるものと偽なるものは対立しているという考えはあまりに堅固であるため、そうした考えはまた、目の前の哲学体系に対して、賛成するか、あるいはそれを矛盾しているると見るか、いずれかを期待するのが常である。また、そうした哲学体系に関する説明においても、賛成か、矛盾の指摘かのいずれかだけを見るばかりとなる。そうした考えでは、複数の哲学体系の相違が真理の進行的な発展だと見なされることはなく、相違のうちに矛盾が見出されるばかりとなる。

(GW9, 10: 上一二)

この引用を植物の比喩と結びつけながら読むことで、ヘーゲルの真意が見えてくる。ヘーゲルがここで考えているのは、複数の哲学の理論が異なる結論を呈している状況だ。ヘーゲルが生きた時代のドイツでは、主著『純粋理性批判』(初版一七八一、第二版一七八七)で知られるイマヌエル・カント(一七二四〜一八〇四)の哲学体系が強い影響力を持っていた。その影響下に、J・G・フィヒテ(一七六二〜一八一四)やF・W・J・シェリング(一七七五〜一八五四)をはじめ多数の哲学者が現れて、互いを批判し合っていた。あるいはさらに時代を遡ると、カント哲学は、G・W・ライプニッツ(一六四六〜一七一六)やジョン・ロック(一六三二〜一七〇四)の哲学の批判の上に成り立っていた。

こうした哲学体系同士の対立に触れたとき、私たちはどのように考えるだろうか。一方が正しく、他方は誤っている、と考える人は少なくないだろう。例えばカント哲学に「賛成」して、フィヒテ哲学を「矛盾している」と見なすかもしれない。あるいは、カント哲学の解説書を読む場合にも、「カント哲学は結局正しいことを言っているのか、それとも矛盾しているのか、一体どちらなのか?」ということばかりが気になってしまうこともあるだろう。

ヘーゲルはここで、このような態度を批判している。ヘーゲルによれば、そうした態度は、「真なるものと偽なるものは対立している」という「あまりに堅固」な考えから生じている。このように考えられている限り、複数の哲学体系の間には、「矛盾が見出されるばかりとなる」。ヘーゲルは、そうではなくて、そうした相違を「真理の進行的な発展」と見なすべきだと考えている。

この文脈で、植物の比喩が登場する。ここまでくれば、ヘーゲルの言いたいことは明らかだろう。ロックからライプニッツ、そしてカント、フィヒテとさまざまな哲学体系が登場してくることは、真理の探究としての哲学が発展してきたプロセスだと見なされなければならない。それはちょうど、つぼみと花、そして果実が、相互に対立するのではなく、等しく植物の生命を作っているのと同じである。ライプニッツの哲学とカントの哲学は、一見すると対立し、互いを否定し合うように見える。しかし実際には、それらはいずれも哲学的真理にとって等しく必要なものだ。こうヘーゲルは言う。

哲学の流動的な本性

これまでのところで、植物の比喩が、哲学の営みを理解するために持ち出されていることがわかった。このことから私たちは、ヘーゲルの哲学観についてさらなる結論を引き出すことができる。

植物の比喩において、つぼみ・花・果実の三つの段階がそれぞれ、等しく必然的なものとして全体を形成する契機であると言えるのは、植物が有機体、生命体であって、「流動的な本性」を持つからだとされていた。そうであるならば、哲学についても同じことが言えるはずである。つまり、哲学も「流動的な本性」を持つもの、諸契機が有機的に連関し合ったものであるはずだ。そうでなければ、この比喩は成り立たない。

ヘーゲルには、『精神現象学』序文の冒頭でこのことを論じるべき理由があった。なぜなら、『精神現象学』の序文が、一般的な書物の序文と性格を異にするということを述べておく必要があったからだ。どういうことか、ヘーゲルの言葉を読んでみよう。

『精神現象学』の序文は、そもそも哲学書の序文の役割は通常の書物とは異なるのではないか、という挑発的な問題提起から始まっている。

序文においては、著作についてあらかじめ説明がなされるのが慣例となっている。そうした説明では、著者が著作において目指した目的についてや、執筆のきっかけ、またその著作が、同じ対象を扱った過去のないし同時代の仕事とどのような関係に立っていると著者が考えているかといったことが述べられる。――そうした説明は、哲学の著作においては余計であるだけでなく、ことがらの本性からして不適切で目的に反するようにすら思われる。

（GW9, 9; 上一〇）

序文では通常、その著作の目的や、執筆に至った経緯、ほかの書物とその書物の関係などが述べられる。振り返ってみれば本書も、「ヘーゲルを読むための取っかかりを提示したい」という目的の提示から始まった。しかしヘーゲルは、そうしたことは哲学書にはふさわしくないのだと言う。なぜならそのことが、「ことがらの本性からして不適切で目的に反する」からである。なぜヘーゲルはそう考えるのだろうか。

ここで言う「ことがらの本性」、すなわち哲学の本性とはどのようなものかを考えよう。私たちはすでにその答えを持っている。それは、植物の本性と同じ流動性である。したがって、ヘーゲルは、「哲学書においては、その流動性ゆえに、あらかじめ目的やほかの著作との関係を述べておくことはできない」と述べていることになる。著作の目的は、無理に植物になぞらえれば果実にあたるかもしれない。しかし、果実は有機体の生の全体にとって、花やつぼみと同じだけ必要なものであっても、それ以上のものではない。哲学書においても事情が同じだとすると、目的は哲学書の全体にとって、ほかの部分と同じだけ必要なものだが、それ以上のものではない、ということになる。

右の私の解釈は、植物の比喩が登場する『精神現象学』第二段落に続く第三段落でヘーゲルが次のように述べていることによって裏づけられる。

> ことがらはその目的において汲み尽くされることはなく、むしろその遂行において汲み尽くされる。また帰結は現実の全体ではない。全体はむしろ、その生成とともにある。
>
> （GW9, 10; 上一四）

ヘーゲルらしい凝縮された文章だが、かみ砕いてみよう。哲学的著作において探究されることがらは、その著作の目的を提示することによっては明らかにならない。それを明らかにするためには、実際に哲学を遂行しなければならない。また、哲学研究の帰結だけを知っても、その著作の全体を知ることにはならない。全体を知るためには、その全体が生成するプロセスをたどらなければならない。ヘーゲルが言いたいのはこのようなことだろう。

したがってこの引用箇所でヘーゲルが述べているのは、目的や帰結だけを知ることによって哲学書で論じられていることがらの肝要な部分を知ろうとしても、それは無理である、ということだ。このヘーゲルの主張は、序文で著作の目的を提示するというスタイルが哲学書に合わない、という主張とも重なる。なぜ目的だけを見ても哲学書の要点がわからないのかと言えば、それは哲学が「流動的な本性」を持っているからである。こうして、哲学書の序文についてのヘーゲルの挑発的な問題提起は、ヘーゲルが哲学に見出す「流動的な本性」という観点とつながっている。

なお、最後に念のため、ヘーゲルのこのような主張にもかかわらず、私が本書の「はじめに」において本書の目的を述べたのはなぜか、ということを記しておきたい。私は哲学が流動性を本性とするというヘーゲルの洞察を、卓越したものとして受け止める。しかし、そこからヘーゲルが引き出す、「哲学書の序文では目的を提示すべきでない」という主張は、額面どおりに受け止めるには強すぎるように思われる。哲学書においても序文で目的を提示することは、読者にとってその著作の理解の助けとなる。ただし、その提示された目的はあくまでも暫定的なものであって、その著作で論じられていること全体との関係の中で理解されなければならない。このように考えれば、哲学書の序文で目的を掲げることと、哲学の流動的な本性を重視することは、必ずしも両立不可能なことではないはずだ。

三　近代の哲学研究と流動化

古代の哲学研究と近代の哲学研究の違い

前節では、『精神現象学』の冒頭で、ヘーゲルが植物の比喩を効果的に用いながら、哲学の流動的な本性を明らかにしていることを見た。本節では、同じ『精神現象学』の序文の中で、「流動化」という表現が印象的な仕方で使われる、もう一つの箇所を取り扱う。

本節で扱う箇所でも、哲学研究とは何をすることなのか、という問題が取り上げられる。ヘーゲルは、古代ギリシャにおける哲学研究と、近代（ヘーゲルにとっての「現代」）の哲学研究を対比することで、ヘーゲルの時代に哲学が帯びている使命を明らかにしている。先取りして言えば、その使命こそ「流動化」である。この議論を追ってみよう。

ヘーゲルによれば、古代ギリシャの哲学研究は、「自然な意識を本来の仕方で十分に教育すること」であった（GW9, 28; 上六一）。古代人たちは、生きていく中で実際に出会うさまざまなことについて、自ら手を動かして関わった。そして、そこで生じたことについて、哲学的な考察を加えた。これによって、人々は教育され、普遍的な認識を、生活に根ざした活《い》き活《い》きとした仕方で得ることができた。

近代の哲学研究はこれとは違う。近代ではすでに一定の哲学体系が確立されているからだ。例えばルネ・デカルト（一五九六〜一六五〇）やロック、ライプニッツ、カントといった哲学者の理論が、ヘーゲル以前にすでに存在していた。したがって、哲学することは、これら既成の哲学理論を学ぶことから始まる。ちょうどいま、皆さんがヘーゲル哲学を学ぼうとしているのと同じである。この点で近代以後の哲学研究は、生活の中で実際に出会うさまざまなものについて哲学的に思考することから始まる古代の哲学研究とは全く異なっている。ヘーゲルの言い回しを借りれば、近代においては「抽象的な形式がすでに用意されている」のであって、哲学するためには「その形式を把握して我がものとするために努力する」ことが必要になる（GW9, 28; 上六一）。

古代のように、生きていく中で出会ったものについて、手を動かしながら思考するという悠長なスタイルは、近代にはもはや馴染《なじ》まない。近代人は、例えば学校での座学や読書によって、それまでの哲学研究の成果を学ぶことができる。これは、手を動かしながら思考する古代人的なやり方をショートカットできるということだ。近代人はこのような仕方で、哲学的な洞察に一足飛びにたどり着こうとする。

これをヘーゲルは、「内なるものを媒介なしに外へと追い立てること」であり、「普遍的なものを断片化された仕方で生み出すこと」だと言う（GW9, 28; 上六一）。どういうことだろうか。話を進める前に、ここで登場する「媒介」というキーワードについて論じておこう。

「媒介」とは何か

「媒介」は、ヘーゲル哲学のキーワードの一つだ。研究者の間では、「弁証法」に劣らず重視されている。ヘーゲルを読み進めるにあたっても、この言葉のニュアンスをつかんでおくことが重要だ。しかし、「弁証法」とは異なり、「媒介」はなかなか表立って説明されることが少ない言葉であるようにも思われる。

まずは「媒介」という言葉の基本的な意味を確認しておこう。「媒」も「介」も、「間に入る」という意味である。したがってこれらを組み合わせた「媒介」もさしあたり、「何かが間に入ること」だと理解されよう。ドイツ語では「フェアミッテルト vermittelt」で「媒介された」と訳されるが、この「ミッテル mittel」の部分が「間に入る」という意味である。ちなみに英語では「メディエイティッド mediated」であり、「メディア media」、つまり「媒介」という言葉が入っている。

この言葉をさらに立体的に理解するためには、対義語を考えることも有効だ。「媒介」の対義語は、「直接」である。間に何も入らない状態のことだ。ドイツ語では「ウンミッテルバール unmittelbar」という。間に入ることを意味する「mittel」に、否定辞の「un」がつく。英語なら「イミーディアット immediate」であり、これも「mediate」に否定辞の「im」がついている。「媒介」と「直接」は、ヘーゲルのテクストの中でもしばしば対になって出てくる。日本語だと元のドイツ語と違って語形に共通する部分がないために、慣れないうちはこのことが見落とされがちだ。しかし、これらが対であることは、ヘーゲルを読むときには常に念頭に置いておく必要がある。「媒介」と出てきたら、「直接ではない」ということだな、「直接」と出てきたら「媒介されていないのだな」と思い出すくせがつくと、少しヘーゲルが読みやすくなる。

さて、言葉の話が長くなったが、ここからはヘーゲルが「媒介」を重視したということの哲学的意義について考えたい。これはほかの思想家の哲学と比べても、ヘーゲル哲学の際立った特徴の一つだと言える。なぜなら、「媒介」を重視する哲学者は、どちらかというと少数派だからだ。

多くの哲学者は、「媒介」よりもむしろ「直接」を重視する。これは私たちの素朴な感覚に合致してもいるだろう。間に何かが入っている状態よりも、直接触れている状態の方がよい。この感覚は私たちに馴染みのものだ。例えばインターネットを通じて交流するよりも、直接対面で会って交流する方がよい。単にマスメディアを通じて情報を得るのではなく、現場に足を運ぶ方が、より有益な情報が得られる。このように、「直接」が「媒介」に優る場面は多いように思われる。

哲学においても同様の考えがしばしば表明される。ただし哲学では、何が直接的なのかということについて見解が分かれるため、多少話が複雑になる。そしてその見解の相違は、しばしば論争という形を取る。ここでは哲学において「直接性」の重視がどのような形をとるかを理解するために、直接性をめぐる論争の例をいくつか挙げたい。

最初に、科学的な実験で得られた客観的なデータと、主観的な「生《なま》の経験」のいずれがより根本的な経験なのか、という論争を取り上げよう。現代の自然科学はしばしば「経験科学」ともいわれる。実験や観察によって得られた「経験的な」データを積み上げることで、科学理論の真偽は検証され、ときには反証される。このように見るとき、科学にとって理想的な「経験」とは、科学者個人の主観が入らないデータだということになるだろう。誰が実験や観察を行っても、全く同じデータが得られることが望ましいからだ。ここでは、主観的な解釈を介さない客観的なデータが、経験の根本をなす直接的なものだと考えられている。

しかし、哲学者の中には、こうした科学的なデータばかりを重視することを批判する者もいる。例えば現象学の創始者エトムント・フッサール（一八五九〜一九三八）は、晩年の『ヨーロッパ諸学の危機と超越論的現象学』（一九三六）において、数学的な「理念の衣」によって、私たちの認識の本来の基盤であるはずの「生活世界」が覆い隠されていると論じた。この議論はヘーゲルの語彙で言えば、「理念の衣」に媒介されない、直接的な「生活世界」へと立ち返るべきだ、と整理できそうだ。

本書にとって重要なのは、ヘーゲルはそもそもこうした「何が直接的か」という論争の土俵に上がろうとしていない、ということだ。なぜならヘーゲルは、直接的でないこと、媒介されていることをこそ重視するからである。

私たちの日常的な感覚においても、多くの哲学理論においても、直接性が重要だということは根本的な前提となっており、疑われることは少ない。しかし、「媒介」を重視するヘーゲル哲学は、この前提を共有しない。むしろ何かが間に入っているということをこそ、ヘーゲルは重視する。このヘーゲルの主張を理解しやすくするには、「間に入る」を「適切に加工する」と言い換えるとよい。直接的なものを手にすることではなく、それを適切に加工することこそが、ヘーゲル哲学においては重要視されるのである。

媒介と流動化

ここでようやく私たちは、『精神現象学』の序文に戻ることができる。改めて要約すれば、そこでは古代の哲学研究と近代の哲学研究が対比されていた。近代では古代と異なり、すでにある程度確立された哲学体系が存在する。近代ではその成果を学ぶことが哲学の研究となる。これはしかし、ヘーゲルによれば、「内なるものを媒介なしに外へと追い立てること」である。それゆえに、そこで手に入れられる「普遍的なもの」、すなわち普遍的知識は、断片的なものとなってしまいかねないとされる。

それでは、近代に欠けている「媒介」とは何だろうか。「媒介」が「間に入る」ことであり、また「適切に加工する」ことだとわかれば、このことの理解はずっと容易になる。ここでの「媒介」は、得られた知識を適切に加工し、我がものとすることだ。古代においては、生活の中で実際に手を動かして試行錯誤することによって、「媒介」が達成されていた。すなわち、それによって古代人たちは、知識を我がものとすることができた。しかし近代においては、知識にはこの媒介が欠けている。それゆえに、哲学の研究においては、知識を我がものとするための努力が必要になる。

ただし、ここでヘーゲルは、古代に戻ることを勧めているわけではない。近代の学問の成果を全て捨て去って、日常生活の中に知を求めることは合理的ではないし、実現不可能ですらあるだろう。それでは近代における哲学の研究はいかなるものであるべきか。

これについてヘーゲルは次のように言う。

現在では、個人が直接的・感性的なやり方を純化して、それを思考された、かつ思考する実体へと作り上げることにはそれほどの苦労はない。それよりもむしろ逆に、凝り固まった規定された思考を止揚することによって、普遍的なものを現実化し、それに生気を与えることに苦労がある。

（GW9, 28; 上六一〜六二）

この文章もパラフレーズが必要だろう。「直接的・感性的なやり方を純化する」ことや、それを「思考された、かつ思考する実体へと作り上げること」は、古代の哲学のやり方に対応している。「感性的」なやり方、つまり五感を通じて得られたものについて、哲学的に思考して、それによって普遍的な知識体系を作り上げること。これは古来より哲学の仕事ではあるのだが、近代においてはその苦労はそれほど大きくないとヘーゲルは言う。その理由はもちろん、すでにさまざまな哲学説があり、それを利用できるからだろう。

これに対して、近代における苦労は、「凝り固まった規定された思考を止揚する」ことにある。「止揚」は有名なヘーゲルの用語だが、「捨て、かつ、保存する」こと、つまり「あるものの悪いところを捨てて、良いところを残すこと」を指す。ここでは、「凝り固まった規定された思考」の悪いところを捨てて、良いところを残すことが必要だとヘーゲルは述べている。「凝り固まった規定された思考」とは、すでに確立されている哲学体系のことだと考えられよう。既成の哲学体系は普遍的な知識の宝庫ではあるが、凝り固まって現実から遊離してしまった側面を持っている。哲学を学ぶ者は、その問題点を「止揚」することによって、普遍的なものを再び現実に取り戻さなければならない。それはまた、普遍的なものに生気を与えることでもある。そこにこそ、近代の哲学における苦労がある。

パラフレーズが長くなったので、引用箇所の解釈をもう一度まとめておこう。近代哲学においては、五感を通じて得られたデータを普遍的な知識体系にしていくことは、それほど難しくなくなった。他方で、既成の哲学体系を現実とつなげることに、より多くの努力が必要となった。これによって、普遍的な知識を再び現実と結びつけて理解することの必要性をヘーゲルは訴えている。

この近代哲学の課題をヘーゲルは「流動性」の語を用いて言い換えている。本書にとって重要なので、これも引用しておこう。先ほどの引用の直後の箇所である。


しかしながら、凝り固まった思考を流動性へともたらすことは、感性的な現存在を流動性へともたらすことよりもずっと難しい。

（GW9, 28; 上六二）


ここでは「流動性」という言葉を使って、先ほどの主張が言い換えられている。凝り固まった規定された思考を「止揚」し、それを再び現実とつなぎ合わせること、それによって哲学的な知識を我がものとすること、これは哲学体系を「流動性」へともたらすことである。ただし、「感性的な現存在」の流動化が不要とされているわけではないことにも、注意が必要だ。五感を通じて得られたデータを普遍的な知識と結びつけることも、既成の哲学体系を現実と結びつけることも、いずれもヘーゲルにとっては「流動性」を確保するという意味を持っている。その上で、それらのうちでは既成の哲学体系を現実に結びつけることの方がずっと難しいのだとされる。

ここまでをまとめよう。ヘーゲルは古代の哲学研究と近代の哲学研究を対比することで、哲学研究とは何をすることなのかを明らかにしようとしていた。古代においては、生きていく中で自然に出会った事象について考えをめぐらせることが哲学することであった。しかし近代においては、座学によって過去の哲学者の理論を学ぶことから哲学が始まる。近代に哲学を研究する者は、それらの理論を我がものとしなければならない。そのためには、既成の哲学体系を現実と適切に結びつけること、これによって思考を流動化させることが必要なのである。

四　『精神現象学』と流動性

「契機」としての思考

ヘーゲルは同じ段落でもう一度流動性に言及する。その箇所を見ると、ヘーゲルが『精神現象学』という書物で何をしようとしているのかをより明確に理解することができる。本章の最後に、この議論を見ておこう。ヘーゲルは次のように書いている。

> 思考が流動的になるのは、純粋に思考するはたらき、すなわちこの内なる直接性が、自らを契機だと認めること、あるいは、自己自身の純粋な確信が己を断念すること――自己を放逐して、脇へのけるのではなく、むしろその自己定立のはたらきの凝り固まったものを手放すことによってである。　（GW9, 28: 上六二）

この引用も一読して理解できる類いのものではない。しかし、私たちはすでにこの箇所を解きほぐすための材料を手にしている。「自らを契機だと認める」という表現に着目しよう。この言い回しに見覚えはないだろうか。似た言い回しを私たちは以前に、植物の比喩のところで見ている（本書四八頁）。植物の比喩においては、「つぼみ」「花」「果実」が契機だと言われた。必要なものではあるが、しかし全体の中の一部としてしか意味を持たないもの、それが「契機」であった。そして、それらは対立し合うのではなく、植物という有機体の部分として相互に結びつくもの、互いを必要とし合うものなのだった。

ここでは、「純粋に思考するはたらき」「内なる直接性」について同じことが言われている。これらが「自らを契機だと認めること」が、「思考が流動的になる」ことなのだとヘーゲルは言う。ここでは、「純粋に思考するはたらき」「内なる直接性」が「契機」だと言われている。感覚によらずになされた思考は、哲学にとって必要なものではあるのだが、しかし、全体の一部としてしか意味を持たない。そのことをヘーゲルはまた、「自己自身の純粋な確信が己を断念すること」であり、「凝り固まったものを手放すこと」だとも言う。自分で考えてたどり着いた結論としての「純粋な確信」、これはいわば「真理モドキ」である。この「真理モドキ」に固執していては、最終的に真理に至ることはできない。私たちはたどり着いた結論を断念しなければならない。しかしそれは、自分なりの確信を単に放逐することではなく、「凝り固まったものを手放すこと」である。これはつまり、その確信を流動化させることであり、その確信が契機にすぎないことに気づくということだ。

ところで植物の場合は、つぼみ、花、果実という三つの契機がそれぞれに互いを必要とするのだった。しかしここではまだ、「純粋に思考するはたらき」という一つの契機しか指摘されていない。これと並んで、哲学において互いを必要とし合うことになるようなほかの契機とは何だろうか。これがわかれば、この箇所の理解は一気に深まるはずだ。

もう一つの契機とは何か。そのヒントは、前節の最後に見た引用にある（本書六四頁）。そこでヘーゲルは、「凝り固まった思考」と「感性的な現存在」の両方を「流動性へともたらす」ことの必要性を説いていた。いま問題にしている「純粋に思考するはたらき」は、これらのうち「凝り固まった思考」に対応している。すると、もう一つの契機は「感性的な現存在」だ、ということが見えてくる。それは、五感を通じて知覚される（＝感性的な）目の前に存在するもの（＝現存在）のことであった。したがってヘーゲルはここで、思考と知覚の二者を、互いを必要とし合う契機として捉えようとしている。

それでは、思考と知覚が互いを必要とする契機であるとはどういうことだろうか。これについて、「思考が知覚を必要とする」という側面と、「知覚が思考を必要とする」という側面に分けて、順番に考えてみよう。

思考が知覚を必要とするということは、思考は改訂の可能性に開かれていなければならないということだ。人生は、正しいと思っていたことが実は間違っていたと判明する経験に満ちあふれている。広い店内だと思ったら鏡張りだったり、大きく見えるからすぐ近くだと思った東京スカイツリーにどこまで行ってもたどり着けなかったり、凡庸だと思っていた人の鋭い指摘に驚かされたり。このような経験においては、新たな知覚によって、それまでの思考が改訂されている。

ヘーゲルはそこからさらに踏み込んで、「思考は、その間違いを正してくれるものを必要とする」と主張している。間違うことがありうるという前提のもとで初めて、思考はまともなものでありうる。そしてその間違いを正してくれるものとは、知覚にほかならない。

一方で、知覚の方も思考を必要としている。思考というフレームのもとでのみ、知覚は意味を持つことができる。例えば、自然科学では、仮説に基づいて実験が綿密にデザインされる。そうした仮説やデザインがあって初めて、実験で得られた結果が持つ意義が理解される。また、日常的な経験の中でも、問題意識があってこそ、日々の経験から多くを学ぶことができる。このように、知覚されたことがらは、それが何であるのかを判断する思考のはたらきを通じて初めて、私たちにとって意味を持つようになる。この意味で、知覚は思考を必要とする。

まとめよう。あらかじめ持っていた思考と、新たに得られる知覚は、互いを必要とし合っている。哲学的な思考はこれを自覚しなければならない。そのことをヘーゲルは、「思考が流動的になる」と表現する。

「確信」の流動化

先ほどの引用に目を向けてみよう。いま問題にした「純粋に思考するはたらき」が「自らを契機だと認めること」は、「自己自身の純粋な確信が己を断念すること」とさらに言い換えられていた。つまり、「思考が流動的になる」ということは、「自分で考えて正しいと確信したことが、そのまま正しいわけではない」と認めることだ。

これだけならただの言い換えなのだが、実はこの表現は、『精神現象学』全体の予告にもなっている。『精神現象学』は小説のように書かれていると言われることがある。そう言われるのは、『精神現象学』には「主人公」が存在するからだ。その主人公は「意識」と呼ばれる。はじめのうちは、「意識」とある箇所全てに〝さん〟を付けて「意識さん」と読み替えてみるとよいかもしれない。「意識さん」は、『精神現象学』において、さまざまな挫折を経験する。それゆえに『精神現象学』は「絶望の道」であるといわれる(「絶望の道」はヘーゲル自身が『精神現象学』の中で用いた言葉)。

「自己自身の純粋な確信が己を断念すること」という「序文」の表現は、この「意識さんの絶望の道」を予告している。なぜなら、『精神現象学』の議論の道のりは、「意識さん」の「確信」が次々に打ち砕かれていく道のりだからである。「これが真理だ」という確信は、そのつど裏切られ、「真理モドキ」であったと判明する。こうしたストーリー仕立ての、かつ、どんでん返しの連続する展開によって、『精神現象学』の叙述は進行してゆく。「思考が流動的になる」プロセスを記述することに、『精神現象学』という書物は捧《ささ》げられているといえる。

プロセスとしての真理

このことはまた、『精神現象学』でヘーゲルが採用する叙述のスタイルにも影響を与えている。そのスタイルは、通常の哲学書のスタイルと大きく異なる。多くの哲学書の叙述は、著者が正しいと考える前提を明らかにし、そこから推論を通じて結論を導く、という順序で進行する。数学の証明のようなものを考えてもよいだろう。一方、『精神現象学』では、探究のプロセスそのものが提示される。「Aが正しいと思ったが実は違った。Bの方がよさそうだ。いやしかしBにも問題がありそうだ。Cの方がよい。しかし……」という叙述が延々と続くのだ。

なぜヘーゲルはこのような叙述方法を採用したのだろうか。それは、「真理だと思われた何かが実は真理ではなかったとわかる」というプロセスそのものをヘーゲルが重視していたからだ。ヘーゲルにとって、このプロセスそのものが真理である。現代アメリカの哲学者ロバート・ブランダムは、これを「真理プロセス」と呼んでいる。*4 ヘーゲルにおいて真理は、探究の結果たどり着くべきゴールではない。そうではなく、探究のプロセスそのものが真理である。

そして、この真理プロセスをそのまま描くことこそが哲学研究である。

ヘーゲルのこの真理観・哲学観を最も端的に表しているのが、「流動化」という言葉である。確固とした真理がどこかにあるわけではない。そのような「凝り固まったもの」は真理ではない。それを「流動化」させることにこそ真理があるとヘーゲルは言うのだ。

流動化の哲学の出発点

この章では、『精神現象学』の「序文」でヘーゲルが「流動化」について述べている箇所を読みながら、『精神現象学』という書物や、そこに表現されているヘーゲル哲学の性格について考えてきた。改めてまとめておこう。

本章でははじめに『精神現象学』の基本情報を確認したのち、いわゆる「正反合」の図式によるヘーゲル理解を批判した。ヘーゲルはしばしば、「正」と「反」を折衷して「合」を導く「正反合」の弁証法的思考様式を定式化したと理解されるが、この理解は正しくない。また、「正反合」図式の事例としてしばしば引き合いに出される「つぼみ・花・果実」の比喩が、実際には全く異なる考え方を提示するための比喩であるということをも紹介した。

ヘーゲルは、つぼみ・花・果実が、植物という全体にとっての「契機」であるとしていた。またヘーゲルはこの比喩を、さまざまな対立する哲学体系同士の関係を説明するために持ち出していた。一見すると、花が咲くことでつぼみは否定されて、存在を抹消されるように見える。しかし実際には、つぼみと花はいずれも、植物が生きるために必要なものである。これと同様に、ある哲学の理論が別の哲学の理論を否定するように見えたとしても、否定された理論は単に葬り去られるわけではない。そうではなくて、新たな理論と古い理論はいずれも、哲学研究という全体にとって必要な契機だと考えられなければならない。このあり方をヘーゲルは、「流動的な本性」と呼んでいた。

またヘーゲルは、近代の哲学研究においては、流動化の重要性が増していると考えていた。近代においては、先哲によってすでに哲学の理論が打ち立てられている。近代人はこれを学ぶことを通じて哲学を研究する。しかしそれをただ暗記することは哲学研究とはほど遠い。既成の哲学理論を自らのものとしなければならない。そのためには、「流動化」や「媒介」が必要だとヘーゲルは考えているのだった。

最後に、思考そのものを、全体の一部をなす契機として捉え、それを流動化させるというヘーゲルの考えを見た。この考え方は、『精神現象学』という書物の構成そのものに反映されていた。『精神現象学』では、主人公たる「意識さん」がさまざまな経験を積む。その経験において意識は、自分が考えて正しいと信じた「確信」が実は間違っていたと何度も気づく。この意味で『精神現象学』は「絶望の道」である。しかしヘーゲルは、この確信の誤りに気づくプロセスそのものが真理だと考えていたのであった。

これをもって私たちはようやく、ヘーゲルの哲学を理解するためのスタートラインに立つことができた。続く二つの章では、『精神現象学』の本論において、ここに始まった流動化の哲学をヘーゲルが実際にどのように展開したかを見てゆく。まずは、客観的な世界に関する認識をヘーゲルがどのように流動化させようとしたかを考えたい。

第二章　揺れ動く認識

一　感覚的確信の意義

確信と真理のずれ

本章では、認識や存在といったいわゆる理論哲学の領域に関わる『精神現象学』の議論を扱う。その中にも、流動性を重視するというヘーゲル哲学の特徴が反映されている。これを論じるに先立って、『精神現象学』本論の議論の進め方の特徴について簡単に論じておこう。

『精神現象学』の目次を眺めると、「確信」と「真理」という言葉が繰り返し出現することに気がつく。これは偶然ではない。前章でも述べたが、主人公たる「意識さん」によってはじめに絶対に正しいと信じられた「確信」と、本当の「真理」とのずれを露呈させることによって、『精神現象学』の議論は前進してゆく。確信を打ち砕かれた意識が、自らの不十分さを悟るプロセスを描き出すことは、『精神現象学』の叙述の型をなしている。

ヘーゲルはなぜこのような叙述方法を用いたのだろうか。本書ではこれを、『精神現象学』では、いわば意識の確信を「野放し」にしておいて、それがどんな困難にぶつかるかを観察する、という手法が採られているためだと理解したい。現代風に言えば、これはある種の思考実験である。観察された困難に応じて、新たな意識の形態が考案され、その新たな意識が持つ新たな確信がまたテストされる。新たな確信も困難にぶつかり、それによって意識はさらに洗練された形態へと作り替えられてゆく。

この思考方法は、二〇世紀イギリスの分析哲学者であるポール・グライスが、論文「哲学的心理学の方法」(一九七五年)で提案した「クリーチャー構築」という方法論に近い。グライスは人間の心のはたらきの説明に必要な要素を特定するためにこの方法を用いる。グライスの説明を引いておこう。


私が用いるべきだと考えている方法は、一定の構築の原理にしたがって(もちろん想像の中で)あるタイプのクリーチャーを構築するというものだ。あるいは、現実の生き物のモデルとしてはたらくような、一連の系列をなすクリーチャーのタイプを構築すると言うべきだろう。このクリーチャーを〔…〕私は「ピロット(pirot)」と呼ぶ。大まかに言えば、異なる種類のピロットに合わせて心理学理論をだんだんと発展させていくという考え方だ。そして、この方法で生み出されたものを、実際の生き物に対して私たちが用いている、適切に関連する心理学的概念と比べてみるのである。それから、何かうまくいかないことがあれば、製図板に戻って、構築を拡充したり修正したりする。*1

グライスはここで、限定的な能力だけを持つクリーチャー（想像上の生き物）を構築して、そのクリーチャーの生態を想像してみるという方法を提案している。その生き物の生態に、現実の生物と比べておかしなところが見つかれば、そのおかしさを詳しく調べることによって、現実の生き物にあって想像上のクリーチャーに欠けている能力が何なのか、当たりをつけることができるというわけだ。

そうして当たりをつけた能力をクリーチャーに追加して、再びその想像上のクリーチャーの生態を観察し、現実の生き物と比べる。これを繰り返すことで少しずつクリーチャーの能力を増やしていき、現実の生き物に近づけていく。グライスはこのプロセスを通じて、現実の生き物がどんな能力をはたらかせているのかを考えようとしている。

ヘーゲルに話を戻そう。先ほど述べたとおり、グライスがここで提案している方法には、ヘーゲルが『精神現象学』で採用した方法と似たところがある。ヘーゲルは「ピロット」の代わりに「意識」と名づけられた一連のクリーチャーを構成してみせる。そして、それぞれの段階の意識が持っている確信が、真理かどうかを調べてみる。その過程で何か問題が見つかれば、新たな意識の形態を作り出してみる。『精神現象学』のヘーゲルはこれを繰り返すのである。

「感覚的確信」の置かれた文脈

『精神現象学』の長い序文と序論のあと、本論の最初の箇所は「感覚的確信」と題されている。感覚的確信とは、目の前の感覚に何も付け加えずに受け入れるときにこそ真理を知ることができる、という考え方のことだ。この段階の意識は、目の前の「今」「ここ」「これ」について語るとき、人は最も正しいことを語れるはずだ、と確信している。『精神現象学』の本論は、この確信を持った「意識」というクリーチャーが、どんな問題にぶつかるかをテストすることから始まる。

ところで、「今」「ここ」「これ」を真理とする感覚的確信は、「直接性」に固執する態度の典型でもある。それゆえこの箇所は、「直接性」への批判と「媒介」の重視というヘーゲル哲学の特徴が明確に現れている箇所だと言える。したがって、「流動性」と「媒介」に着目する本書にとって、ここでのヘーゲルの議論はとりわけ重要だ。

「感覚的確信」冒頭の段落を読んでみよう。

最初に、あるいは直接的に、我々の対象であるような知とはなんだろうか。そうした知は、直接的な知にほかならず、すなわち、直接的なものないし存在するものについての知にほかならない。我々はまた同様に、直接的に、あるいは受容的に振る舞わなければならない。それゆえ、そうしたものが現れた仕方について、それを何も変えてはならず、それを捉えるにあたって概念による把握を控えなければならない。

（GW9, 63; 上一五八）

この短い段落の中に、「直接的」という言葉が四度も登場しており、しかもそのうち二度は強調を伴っている。

四度にわたって登場する「直接的」の意味が少しずつ違っていることに注意しながら、段落全体をパラフレーズしよう。ヘーゲルはまず、私たちが『精神現象学』で最初に対象とすべき知とは何か、と問う。ここで「最初に」が「直接的に」と言い換えられる。これが最初の「直接的」だ。そしてヘーゲルは、それは「直接的な知」であると指摘する。これが二番目の「直接的」である。

それでは知が直接的であるとはどういうことか。ヘーゲルによれば、それはとりもなおさず、その知が「直接的なものについての知」であるということだ。言い換えると、知られる対象が直接的なものだということである。これが三番目の「直接的」だ。それでは、どうすれば直接的なものについての知が得られるのか。それは、私たちが直接的に振る舞うときであり、すなわち、対象のあり方に何も付け加えないようにするときである。これが四番目、最後の「直接的」である。ここから、続く箇所で「今」「ここ」「これ」という感覚的確信を重んじる態度についての議論が展開されることになる。

したがって、感覚的確信を重んじるとは、何よりも直接性を重んじることである。直接性を重んじるとは、ここでは、感覚が受け取ったものに何も付け加えず、そのままそれを受け入れることである。「感覚的確信」の検討を通じてヘーゲルが目指したのは、直接性を重んじる態度がどのような仕方で挫折するかを描写し、それを通じて、直接性を重んじる立場の問題点を明らかにすることだったのだ。

そして、第一章で見たとおり、直接性ではなく媒介を重視する、というのがヘーゲル哲学の基本方針であった（ドイツ語では直接と媒介がはっきりと対になる、ということも第一章で見たとおりである）。直接性を重視するがゆえに感覚に与えられたものをそのまま受け入れる、という感覚的確信の立場は、ヘーゲルと最も相容れない立場だと言える。この立場を検討しその問題点を暴き出すことは、『精神現象学』という書物が何を目指しているのかを読者に知らせるために重要だったと考えられる。

感覚的確信と最初の挫折

「感覚的確信」について論じることを通じて、ヘーゲルは直接性を重んじる態度の問題点を明らかにしようとした。このことを念頭に置いて、感覚的確信論の展開を追いかけてみよう。目の前に見えたものをそのまま受け入れたものが真理だ、と考える感覚的確信の段階の意識は、具体的にはどんなものを真理だと考えるのだろうか。ヘーゲルは複数の段階に分けてこれを検討するが、ここではそのうちで最初に検討される「今」についての議論を取り上げよう。

感覚的確信は、例えば「今は夜だ」と語り、これが最も確実な真理だと考える。ヘーゲルはこの考えを次のように批判する。

> 「今とは何か」という問いに対して、我々は例えば「今は夜だ」と答える。この感覚的確信の真理を確かめるためには、単純なことを試してみれば足りる。この真理を書き留めておくのだ。真理は、書き留めることによって失われることはない。我々は今、この昼に、書き留められた真理を再びよく見てみる。すると、我々は、その真理が気の抜けたものになっていると言わざるをえなくなる。
> (GW9, 64; 上一六二～一六三)

「今は夜だ、これは確実だ」と語る意識に対して、ヘーゲルは「それを書き留めてみよ」と応じる。真理だと言うなら、書き留めておくことができるはずだ、それによって真理が失われることはないはずだ、と。しかし、書き留めて半日後の昼間に見てみれば、当然ながらそれはもはや真理とは言えない。そのときの「今」は昼だからだ。

感覚的確信はどこで間違ったのだろうか。それは、「今は夜だ」と答えたときである。感覚的確信が常に真理であり続けるためには、「夜」という具体的な時点のことを語ってはならなかったのだ。そうではなく、「今は今だ」「昼であろうと夜であろうと、とにかく私が発話しているこの時点が今なのだ」と言わなければならなかったのである。

だが、ヘーゲルによればこの言い抜けを通じて、感覚的確信は根本的に変容してしまう。ヘーゲルの議論の続きを追ってみよう。

> 「今」そのものはもちろん自らを維持するのだが、しかしそれは夜ではないものとしてである。同様に、今である昼に対しても、今は自らを維持するのだが、それもまた昼ではないものとしてである。あるいは今は、否定的なもの一般として自らを維持するのである。それゆえ、この自己を維持する今は、直接的なものではない。むしろ、それは媒介されたものなのである。なぜなら、持続するものとして、また自己を維持するものとして、今は

他のものすなわち昼や夜ではないということによって定まったものとなるからだ。

（GW9, 65: 上一六三）

「今」は昼でも夜でもない。そうではなくて、「今」というのは、「昼でも夜でもないもの」である。なぜなら、昼夜を問わず、「今」は「今」だからである。「今」が持つこの特徴をヘーゲルは、「今」は「否定的なもの」だと表現する。

続くヘーゲルの指摘は非常に重要である。なぜなら、直接的なものとして特徴づけられていたはずの感覚的確信の「今」が、実際には媒介されたもの、したがって直接的ではないものであったのだと論じているからである。意識は直接的なものとしての感覚的確信にとどまることができず、媒介されたものへと変わってしまう。

ここでのヘーゲルの議論は、あちらを立てればこちらが立たず、という論理的ジレンマの形で整理することができるだろう。「今」を素朴に理解して、「今は夜だ」と語ろうとすれば、語られた内容は半日後には真理ではなくなってしまう。これを避けようとすれば、「今」は昼でも夜でもない「否定的なもの」だということになり、直接的なものから出発することができなくなってしまう。ヘーゲルはこのように感覚的確信をジレンマに追い込んだ上で、後者の道を選択するよう迫る。直接的なものに真理があると考える態度を放棄して、媒介されたものの方へと進むべきだとヘーゲルは主張するのだ。

こうして、「今」という直接的なものを重視する感覚的確信の問題点が明らかになった。感覚的確信に真理があるとすれば、それは直接的だからではない。感覚的確信が語る「今」は、昼でも夜でもない、いっさいを否定する「否定的なもの」である。そして「否定的なもの」であることによって、感覚的確信の「今」はもはや直接的なものではなく、媒介されたものとなっている。

直接性への批判

結局、「感覚的確信」でヘーゲルが目指したのは、「直接的なものこそ真理だ」という考え方に揺さぶりをかけることだったと言える。感覚的確信についての検討を終える前に、この揺さぶりは感覚的確信だけをターゲットにしたものではない、ということに注意を促しておきたい。直接的なものを重んじるのは、感覚的確信だけではないからだ。

感覚的確信とその挫折をめぐるヘーゲルの議論の根底には、「直接的なもの」「確実なもの」を目指そうという基礎づけ主義的な発想への根本的な批判がある。基礎づけ主義者は、最も確実なものを明らかにして、その土台の上に体系を組み上げようと考える。ヘーゲルの思考法の特徴は、この発想をとらないことだ。「感覚的確信」論においては、このヘーゲルの思考法が、直接的なものを重んじる感覚的確信への批判によって表現されている。

感覚的確信論の議論の組み立て方も、最初から直接性への批判を企図してヘーゲルが議論を組み上げていたことを示唆している。もし仮に、ヘーゲルが直接性全般の批判を目指しておらず、ただ感覚的確信だけを議論の標的にしていたのなら、ここでの議論は異なる道をたどってもよかったはずだ。すなわち、「感覚的確信は実は直接的ではなかった。それでは本当に直接的で確実なものとは何なのだろうか。それを探そう」という形で議論を進めていくこともできたはずなのだ。しかしヘーゲルはそうしない。むしろ、直接的なものに真理があるという考えそのものが間違っていると主張して、「媒介」の道を突き進もうとする。

このことを別の側面から言えば、ヘーゲルは私たちの認識や体験が誤りうるということをそのまま受け入れようとしている、ということにもなるだろう。直接的なものではなく、媒介されたものの中に真理を探すこと。絶対に確実なものを探すのではなく、認識が不確実性を含んでいることを積極的に受け入れること。その上で、そうした可謬性《かびゅうせい》や不確実性を含んだものとして真理を捉えようとすること。これがヘーゲル的な発想である。

このヘーゲル的な発想に親しむために、『精神現象学』のほかの箇所も検討しよう。ここで取り上げたいのは「法則」とは何かを論じた箇所である。

二　超感覚的世界と科学的説明

真理は「超感覚的世界」にあり？

ここからは、「悟性」と呼ばれる段階に達した意識について見ていきたい。「悟性」という厳《いか》めしい訳語が定着してしまっているこの言葉は、「理解力」といった程度の意味である。したがってこの段階の意識は、対象を理解することを重視する。そこからこの段階の意識は、「超感覚的世界」にこそ真理があると考えるようになる。ヘーゲルはこの考え方を検討し、その問題点を明らかにしてゆく。

議論を追うためには、まずは「感覚的世界」と「超感覚的世界」という対をなす概念について理解しておく必要があるだろう。感覚的世界を構成するのは、私たちが通常目で見て、手で触れることができるものである。皆さんが手に持っているこの本は、感覚的なものだ。あるいは私がいま叩《たた》いているキーボードも感覚的なものである。今朝の食事、青い空、私たちの身体。例を挙げればきりがないが、日常的に私たちが接するもの全てが感覚的なものである。そして、これらの感覚的なものからなる私たちの世界が、感覚的世界である。

それでは他方の「超感覚的世界」とはどんなものだろうか。それを構成する超感覚的なものとは、私たちが直接触れることのできないもののことだ。目に見えるもの、感覚的なものは所詮、はかないもの、やがては消えていくものだ。形あるものはいつか壊れる。命ある者はいずれ死ぬ。地球すらいつかは膨張した太陽に飲み込まれる。こうしたことを考え、虚無感に襲われるとき、私たちは感覚的世界の向こうに、超感覚的なものがあると考えたくなる。

そうした超感覚的なものは、宗教的なイメージの形をとることもあれば、科学的な法則という形をとることもある。いずれの形をとったとしても、超感覚的世界は、目に見えるがはかなく空《むな》しい感覚的世界に対して、目には見えないが確実で変わらないものだと言える。

超感覚的世界は、感覚的世界と単に異なるものとして存在が想定されるだけではない。超感覚的世界があるとされるとき、それは感覚的世界の裏側にあって、それを支えるものだと考えられている。不死の神が、死すべき人間の世界を成り立たせる。あるいは普遍的な科学法則が、次々と移り変わる物理的な運動全体を支配する。ヘーゲルの言葉遣いで言えば、超感覚的世界にこそ、感覚的世界の真理がある、と考えられる。

> この内なる真なるものは、絶対的な普遍的なものとしてあるが、〔…〕そこにおいて、現象する世界としての感覚的世界を超えて、真の世界としての超感覚的世界の扉が開かれる。

消えゆく「こちら側」の世界に対して、とどまり続ける「あちら側」の世界が開示されるのである。（GW9, 89; 上二三八）

内なるもの、真なるもの、絶対的で普遍的なもの、そうしたものを考えると、感覚的世界を超越した、超感覚的世界があると感じられるようになる。そして、その世界こそが、真の世界であるように思われてくる。

超感覚的なものとしての法則

超感覚的世界の扉が開かれる、などと言われると、何やらスピリチュアルな話が始まるように思われるかもしれないが、ヘーゲルの議論はその方向には展開しない。そうではなく、ここでのヘーゲルは科学的な法則を超感覚的なものの代表例と見定める。私たちも、ヘーゲルの法則論を追いかけよう。

ヘーゲルは、「超感覚的世界は、諸法則の静止した王国である」（GW9, 91; 上二四六）と書いている。この文言のうちには、注目すべき点が三つある。一つ目は、超感覚的世界が、「法則」として捉えられていること。二つ目は、法則が「諸法則」と複数形で考えられていること。そして三つ目は、諸法則の王国が静止しているとされていることである。

一つ目の点については、追加で説明すべきことはほとんどない。これまで論じてきたとおり、超感覚的世界とは、感覚的世界の裏側にあり、真に存在して感覚的世界を支えている世界である。ヘーゲルはそれをここで科学法則として捉えているわけだ。例えばニュートン力学における落下運動の距離を計算するための法則や、電磁気学におけるプラス極とマイナス極が互いに引き寄せ合うという法則などを考えればよい。

第二の点については説明が必要だろう。感覚的世界で生じる現象を説明するための超感覚的な法則は多数存在する。落下運動について、落下距離と落下時間の関係を表す法則（$s=(1/2)gt^2$）。同じく落下運動について、落下速度と落下時間の関係を表す法則（$v=gt$）。電気の陽極と陰極が引き合う力の強さと、電荷の強さおよび両者を隔てる距離を計算するための法則（クーロンの法則）。熱力学におけるボイルの法則、シャルルの法則、それらを合わせたボイル－シャルルの法則。ヘーゲルが時代の制約から知りえなかったものも含め、感覚的世界の多種多様な現象を説明するために、超感覚的世界にも多種多様な法則が存在している。

第三の点について。法則が静止しているとはどういうことだろうか。これについてはさしあたり、当初の感覚的世界と超感覚的世界の対比に戻って考えるのがわかりやすいだろう。感覚的世界は移ろいやすく、常に転変するものである。これに対して超感覚的世界は、その確固たる支えとなるようなものである。したがって超感覚的世界が感覚的世界のように動いては困る。

超感覚的世界を構成する法則は、静止していなければならない。
ヘーゲルは超感覚的世界をこのような「諸法則の静止した王国」と見定めた上で、これが感覚的世界の根底にあるという考えがどれほど妥当なものかを検討する。あるいは、本章冒頭で言及したグライスのクリーチャー構築になぞらえて言い換えるなら、「悟性」段階にある「意識クリーチャー」がどれほどのことをなしうるのかが観察される。この検討は、流動性という本書のキーワードに私たちを導いてくれるはずだ。

法則は現象の一部でしかない

ヘーゲルがまず指摘するのは、法則という超感覚的なものによっては、現象という感覚的なものが持つ多様な側面のうちの限られた一部しか捉えられないということだ。

法則は現象のうちで現実世界に存在する。しかし法則は現象が現実世界に存在するあり方の全てではない。法則は、他の状況下ではそのつど、異なる現実的なあり方をしている。それゆえ現象には、内的なもの〔としての法則〕のうちにはない、自分だけが持つ側面が残るのである。（GW9, 91: 上二四六）

法則がこの世界に存在するとすれば、それは個別の現象に内在するという仕方でのことだ。例えば落下運動の法則は、実際に物体が落ちるという現象の内側に見出される。しかし逆に現象の側から見れば、落下運動の法則に従うことは、現象にとっての一つの側面でしかない。「落下距離は落下時間の二乗に比例する」という落下運動の法則によって表現されるのは、落下距離と落下時間の関係だけである。ここでは、実際の落下現象が含んでいたはずのさまざまな側面、すなわち、「いつ、どこで、何を落としたのか」という情報が捨象されている。これを指してヘーゲルは、「法則は現象が現実世界に存在するあり方の全てではない」と言い、現象には「自分だけが持つ側面が残る」と論じる。これを法則の側から見れば、法則は現象の全てを表すものではないということになる。法則によっては表現されないものが残ってしまうのだ。ヘーゲルはここに法則の欠陥を見出す。

ここでヘーゲルが指摘しているのは、物理学の法則は現象を近似したものにすぎない、ということだ。ところで、これを欠陥として言い立てるヘーゲルの態度に違和感を持つ読者もいるかもしれない。少し細かい話になるが、この点でつまずいて脱落してしまう読者を減らすために、現代的な観点からこの問題をどう見るべきかについて考えてみよう。

ニュートン以後、近代から現代に至るまで、科学が大成功を収めてきたことは周知の事実である。その大成功の裏に、適切な近似や抽象化を通じて現象を扱いやすくし、計算による予測を可能にするという発想があったことは明らかだ。この観点から見ると、ヘーゲルは、近似によって問題を扱いやすくすることのメリットを無視して、それが現象の一部を取りこぼすという些細《ささい》なデメリットを執拗《しつよう》に批判しているようにも思える。言い換えると、近似をいっさい認めない、不合理なまでの完璧主義に立っているように見えてしまう。

この批判はある程度あたっていると言わざるをえない。ヘーゲルは、近代科学の方法論が持つポテンシャルを正しく評価できなかった。その背景の一部には、近似や抽象化をいっさい認めない、度を越した完璧主義がある。他方で、ここでのヘーゲルの失敗には一定の情状酌量の余地はある。ここでは二つの点を指摘したい。

第一に、私たちがヘーゲルに下す不合理なまでの完璧主義という評価は、後世における科学の発展を知る現代人の「後知恵」によってなされているということだ。ヘーゲルは誤っていたが、それは現代科学のめざましい成果を知りつつそれを認めない頑迷さを示してはいない。第二に、「近似による誤差が少ない方がよい」という大方針のレベルでは、ヘーゲルの主張は完全に不合理とまでは言えない、ということだ。ヘーゲルの問題点は、この基準を厳密に適用しようとしすぎたことにある。いわば、基準そのものではなく、その運用に問題があったと言える。

まとめると、ヘーゲルの法則論には、現代の科学に照らすと、問題があると言わざるをえない。しかしそのことは、ヘーゲルの思考の価値を大きく毀損するとまでは言えない。ヘーゲルの思考の一部に誤りが含まれていたとしても、そこに汲むべきものが全くないということにはならないはずだ。

加えて、ここでのごく簡潔な論評は、ヘーゲルの科学論に対して最終的な評価を下すのに決して十分ではないということも強調しておきたい。本書ではそうした評価は目指さない。本書が目指しているのは、ヘーゲルの法則論の中に、ヘーゲルの思考の特徴を見出すことだ。ここではこの目的に必要な限りで、ヘーゲルの科学論には見るべきところもあれば間違いもある、と指摘するにとどめたい。

ヘーゲルの科学論の評価についての寄り道が長くなってしまったので、元の論点をもう一度確認しよう。ヘーゲルは、法則が実際の現象のごく一部の側面しか捉えられないと指摘する。そしてこの点に、法則の欠陥があるとしている。これをヘーゲルのように欠陥と断定してよいかどうかには議論の余地があろうが、それでも法則による現象の記述にこうした側面があるという指摘は正当なものである。

諸法則の統一

ヘーゲルはこの議論をさらに先鋭化させる。「諸法則の静止した王国」という表現のうちに読み取れるヘーゲルの考えの二点目として指摘したとおり、さまざまな現象の説明においては、多数の法則が引き合いに出される。先ほどは落下運動の法則、クーロンの法則、ボイルの法則を挙げたが、自然科学の初級の教科書を開いただけでも、私たちはいくつもの法則を見つけることができる。

ヘーゲルによれば、悟性の段階にある意識は、このような多数の法則を本来は認めないはずだ。「法則が多数あること」は「悟性の原理」に反する。なぜなら、悟性は「単純な内なるもの」を重視する意識であって、「それ自体で普遍的であるような統一」を真理と見なすからである（GW9, 92; 上二四七）。落下運動の法則と、天体の動きについての法則（例えばケプラーの法則）がバラバラに存在する状態は望ましくないのだ。[*2]

そこで悟性は、多数の法則を統一できるただ一つの法則を探そうとする。この悟性が目指す方向に合致するのが、例えばニュートンによる万有引力の法則の発見だ。詳細は力学の参考書に譲るが、万有引力の法則は、天体の動きと、地上での落下運動の両方の説明を結びつけることができる法則である。この統一的な説明を可能にしたことにニュートンの最大の功績がある。

ここまでは比較的理解しやすい話だが、次のステップが難しい。ヘーゲルは次のように言う。

例えば、石が落下するときの法則と、天体が運動するときの法則が、一つの法則として把

> 握される。互いがこうして一致することで、諸法則はその規定性を失う。こうした〔統一的な〕法則はいっそう表面的なものとなる。それゆえ実際にはその法則は、規定されたこれらの諸法則〔落下の法則と、天体の運動の法則〕の統一ではない。そうではなくて、それらの規定性が取り除かれた法則が見出されるのだ。〔…〕あらゆる諸法則を、普遍的な引力〔＝万有引力〕の法則のうちで一つにまとめることは、そうしたとりまとめに際して存在するものとして措定されている、法則そのものの単なる概念のほかには、いかなる内容をも表現していない。
>
> （GW9, 92; 上二四七～二四八）

これまでの話が理解できていれば、大まかな流れは理解できるだろう。落下運動の法則は、実際の現象から一定の側面だけを取り出したものだった。さらに物理学は、落下運動の法則と、天体の運動の法則を、万有引力の法則という一つの法則のもとに統一しようとする。このとき、「落下」や「天体の運動」といった個別の特徴が捨象されることになる。ヘーゲルはこのことに難色を示している。ここには先ほどと同じ、近似や抽象化への過剰とも言える忌避が見出される。

ここまではよいとしても、最後の箇所はさらに踏み込んだ解釈を要求しているように思われる。悟性が見出す「法則そのものの単なる概念」とは一体何なのだろうか。私が理解する限りでは、ここでヘーゲルが主張しているのは次のようなことだ。すなわち、統一された一般法則を目指すという悟性のはたらきによって明らかになるのは、実は真なる一般法則ではない。そうではなく、このはたらきは最終的に、悟性自身のあり方の特徴を明らかにする。そこで暴露されるものとは、「感覚的世界ではなく超感覚的世界こそが真理だ」という悟性自身の世界観にほかならない。超感覚的世界の姿を描き出そうとして悟性が最終的にたどり着いたのは、そこに投影された自分自身のあり方だったということだ。「法則そのものの単なる概念」とは、そうした悟性自身の世界観のことである。

ここは難解かつ重要なところなので、ヘーゲルが何を言わんとしたのか、別の角度からも考えてみよう。現代の科学哲学に関連づけるなら、ヘーゲルは法則に関して、ある種の「科学的反実在論」を取っているとも言える。科学的反実在論とは、科学理論に登場するさまざまなものは本当は存在しないという考え方だ。

この考え方によれば、例えば万有引力の法則のような法則は、厳密な意味では存在しない。そうしたものは、あると考えた方が説明や予測にとって便利であるがゆえに、説明の前提として、便宜的にあたかも存在するかのように語られているものにすぎない。例えば、ニュートンは万有引力の法則を客観的に存在するものとして「発見」したのではなく、万有引力の法則という、非常に便利な説明上の道具を「考案」したということになる。そうしたものが求められ、真理と見なされるのは、それが超感覚的世界に存在するからではなく、悟性がまさにそうしたものを求めているからにほかならない。

なお、こうした考え方は、必ずしも科学的な思考法に反するものではない。実際、現代物理学においては、ニュートン力学ではなく、アインシュタインの相対性理論が基礎的な理論とされている。このことが意味するのは、万有引力の法則は予測のための便利な道具ではあるが、しかし実際には存在しないと明らかになった、ということだ。そうだとすれば、相対性理論の法則も実は存在しなかった、と将来的に明らかになってもおかしくはないだろう（その場合、例えば量子力学との統一理論の法則こそが実は存在した、といった形で、相対性理論が捉え直されることになる）。

もちろん、科学的反実在論が正しいのか否かについては、科学哲学の分野で現在でも専門的な論争が続いており、それについて直接論じるのは本書の目的を超える。したがって、ヘーゲル的な科学的反実在論が正しいのか否か、という問題に立ち入るのはやめておこう。その代わりに、ヘーゲルの思考の特徴を明らかにすることに目標を限定したい。そのためにはこれ以上ここで立ち止まらずに先を急ぎ、ヘーゲルの法則論がどこに行き着くのかを追いかける方がよい。

同語反復としての法則

ここにきて、超感覚的世界の姿は、当初とは少し変わってしまっている。当初は、超感覚的世界は「静止した諸法則の王国」といわれた。しかし悟性は、法則が多数ある状態に満足せず、統一された法則を目指した。すなわちこれまでの議論で、法則の多数性は否定された。「静止した諸法則の王国」をもじっていえば、現段階で悟性が考える超感覚的世界はいわば、「静止した、一つの一般法則の王国」である（ただし、ヘーゲルはそのような言い方はしていない）。ヘーゲルは次に、法則が「静止している」ことを議論の俎上《そじょう》に載せる。これは私たちにとってとりわけ重要だ。静止ではなく運動や流動性を重視するという、本書で取り出そうとするヘーゲル哲学の特徴が現れる議論だからである。

ヘーゲルは、法則による説明は「同語反復」にすぎないと言う。まずは、法則による説明とはどのようなものかを考えよう。例えば特定の物体の落下を、落下距離と落下時間の間の一定の関係（$s=(1/2)gt^2$）として説明する。さらには落下運動の法則そのものが、ニュートン力学の運動の法則（第二法則、すなわち運動方程式）によって説明される。あるいは、落雷を「プラスの電荷とマイナスの電荷が引き合う」という法則によって説明する。

こうした説明が同語反復であるとはどういうことだろうか。また、こうした説明のどこに問題があるのだろうか。私はこの箇所を読むと、大学の教養課程で受けた物理学の授業を思い出す（余談ながら、私には理系の学生だった時期がある）。その授業を担当していた先生は「物理学は、現象が生じる理由を解き明かす学問です」と話していた。しかし私はその説明にどうしても納得がいかなかった。物理学がやっているのは、現象を数式を用いて記述し直すことだけであって、そうした現象が生じる理由は何も説明されていないのではないか、という感覚がぬぐえなかったからだ。たしかに物理学によって、「私が仮にいま特定の高さから特定のボールを落とせば、それが何秒後に地面に到達するか」ということが計算できるようになる。しかし、それによっては「私はなぜいまその高さからボールを落としたのか？」ということはわからないではないか。

もちろんこの議論は、物理学や自然科学の成果を否定するものではない。物理学的な探究によって明らかになったことは無数にあり、我々はその恩恵にあずかってもいる。物理学的な探究には明らかに卓越した価値がある。しかしながら、物理学が現象の「理由」を解明するという言い回しへの違和感は不当なものとも言えないだろう。物理学は、この世界がどんなふうにできているかということを説明するが、そもそもなぜこのような世界があるのか、ということを説明しないからだ。

さて、ここで物理学へのいささか素朴な疑問を長々と述べたのは、これがヘーゲルの議論の理解に役立つと考えたからである。ヘーゲルは法則による説明が同語反復だとして、その欠陥を言い立てる。この議論は、ヘーゲルが想定した文脈の中で理解されなければならない。その文脈とは、「感覚的世界を支える超感覚的世界にこそ真理がある」とする悟性的意識の限界を見定める、というものだ。

この観点から見たとき、法則による説明、すなわち数式による現象の再記述は、悟性が求めていた「超感覚的世界」だと果たして言えるのかが問題になる。法則による説明とは現象を体系的な数式によって記述し直すことである。これは価値のあることだが、しかし、現象の本質としての「超感覚的世界」を求める悟性の要求には応えてくれないのではないか。法則による説明が「同語反復」であるということ、そしてそこに問題があるということは、このように理解されるべきである。

法則による説明という運動

法則による説明は「同語反復の運動」に陥る。こうなってしまうのは、ヘーゲルによれば、悟性が「静止した統一」にこだわっているからだ。ヘーゲルの言葉を見よう。

すでに明らかなとおり、この同語反復的な運動において、悟性はその対象が静止した統一であることにこだわっている。そして、運動は悟性それ自身のうちにのみあって、対象のうちにはない。

(GW9, 95; 上二五六)

よく見るとヘーゲルはここに、議論をさらに展開させるための仕掛けを忍ばせている。同語反復が「運動」と呼ばれていることに注目してみよう。この「運動」は、よく見ると、法則の「静止」と対になっている。いわばここで仕込まれた「伏線」が、二文目の展開へとつながる。二文目では、運動は悟性自身のうちにしかなく、対象としての法則は静止している、といわれる。これは裏を返せば、対象としての法則は静止しているものの、悟性自身のうちには「運動」があるということだ。

ヘーゲルのこのあとの議論は、この「運動」へとクローズアップするかのように進む。

ことがらそのものには、この運動によって何も新たなものは生じない。その代わり、運動は悟性の運動として考察されるようになる。しかし、悟性の運動のうちに、我々はいまや、まさに法則のもとに欠けていたものを認識する。欠けていたものとはすなわち、絶対的な交替そのものである。なぜならこの運動は、我々がそれをより詳しく考察するならば、直《ただ》ちにその反対物だとわかるからである。どういうことかというと、運動はある区別を定立するが、その区別は我々にとっていかなる区別でもないだけでなく、それどころか、その運動自身が、その区別を、区別としては廃棄するからである。（GW9, 95; 上二五六～二五七）

難解な、かつ長い引用になってしまったので、丁寧に見ていこう。はじめの「ことがらそのもの」とは、先ほどまで「対象」と言われていた法則のことである。落下運動を方程式の形で記述したところで、運動の仕方が変わるわけではない。記述し直したことで変化が生じたのは、悟性の側、それを見る人間の意識の側である。そこにはまさに「運動」がある。そしてこの運動のうちに、静止した法則の中にはなかった「絶対的な交替」が見出される。

それでは、「絶対的な交替」とは何か。それは、あるものがその反対物になることだ。この場面ではそれは、「区別」との関わりで述べ直される。法則による説明という悟性の運動は、「ある区別を定立する」。ヘーゲルはこれだけしか語ってくれないのだが、具体例を補って掘り下げてみよう。これは、落下運動という現象とは区別された、落下運動の法則という方程式が立てられることだと理解できるのではないか。こうして悟性による説明は、現象そのものと、それを記述する方程式という区別を立てる。

しかしこの区別は、本当は「いかなる区別でもな」く、それどころか、その区別をもたらした説明という運動そのものが、「その区別を、区別としては廃棄する」。例えば、落下運動の法則という方程式は、まさに落下という現象を記述し直して説明するために立てられたものである。それゆえに、この法則は落下現象と異なるものであってはならない。もし異なれば、いかなる説明も成立しなくなってしまう。こうして、法則による説明とは、一方では現象と区別された法則を立て、同時に他方では、現象と法則を同一視する、という「絶対的な交替」のプロセスによって成り立つことになる。

我々は物体の落下を、まずは物が落ちることを観察することによって把握する。しかし、法則による科学的な説明はこれに満足しない。観察によって把握された現象を、$s=(1/2)gt^2$という数式によって記述し直す。つまり、落下という現象を、観察と数式の二つの仕方で把握する。

しかしこの二つの把握の仕方は、ぴったり重なり合うものでなければならない。そうでなければ、法則は現象を正しく捉えていないことになってしまうだろう。例えば、法則を用いて計算すると二秒後に物体は二〇メートルほど落下するとわかるのだが、これは実際に観察される落下の距離とほぼ一致しなければならない。

つまり、いったんは現象と法則を区別し、最終的に両者の一致を確かめる、という仕方で、法則による説明はなされる。これをヘーゲルはいかにもヘーゲルらしく、「区別としてのその運動そのものが、その区別を廃棄する」と語っているのだ。

運動する「第二の法則」

これまでの議論を通じて、法則による説明の中に、「運動」があるということがわかった。その運動とは、現象と法則を区別し、そののちに再び両者の同一性を見出すという運動であった。ヘーゲルは続く箇所で、この説明という運動（＝プロセス）の構造そのものこそが「事物の内なるもの」だと指摘する（GW9, 96; 上二五八）。

説明というプロセスは、現象を法則として記述し直し、そのあとで再び両者を同一視するという運動を構造として持っていた。悟性はこの運動を通じて全てのものを把握する。それゆえにこの運動そのものが、事物の内にあるものとして把握されるようになる。私たちは現に、私たちを取り巻く世界の現象が全て、科学的な法則によって説明されうるものだと考えている。「事物の内なるもの」という表現はわかりにくいが、全ての事物は法則によって説明されうる、という考え方のことを指していると考えればよいだろう。

ヘーゲルはこの説明プロセスの構造そのものを、「第二の法則」と呼ぶようになる。

第二の法則の内容は、以前に法則と呼ばれたもの、すなわち、安定して等しいものであり続ける区別とは異なっている。なぜなら、この新たな法則が表現するのはむしろ、等しいものが等しくなくなることであり、かつ、等しくないものが等しくなることだからである。
（GW9, 96; 上二五八）

第二の「法則」とは言うものの、この法則は、これまで考えられてきた法則、落下運動の法則や万有引力の法則とは全く異なる。これまでの法則は、全ての現象に等しく当てはまるという意味で「静止した」ものであった。一方で、いま「第二の法則」と呼ばれているものは、「現象と法則が区別され、その法則が再び現象と同一視される」というプロセスそのものである。現象と法則の関係そのものが法則と呼ばれているのだ。

悟性と流動性

ヘーゲルの議論はまだ続くが、本書ではここでいったんヘーゲルの議論から離れたい。その代わりに、ヘーゲルが「悟性」に則して描き出した流動性の側面に光をあてたい。

悟性の段階にある意識ははじめ、感覚的世界ではなく、その背後にあってそれを支える超感覚的世界に真理があると考えたのだった。その超感覚的世界は、「静止した諸法則の王国」として理解された。本書では、超感覚的世界が「静止した」というイメージで語られていたことに改めて着目したい。超感覚的世界の内実は、この「静止した諸法則」から、私たちがすでに見た議論の展開を通じて、流動的な「運動」としての第二の法則に変わってゆく。ここでも私たちは、静止ではなく運動にこそ注目しようとするヘーゲルの姿勢を見ることができるのである。

ここでの現象と法則の間の「区別ならざる区別」、あるいは「区別しつつそれを廃棄する区別」、という見方は、本書後半で扱う『大論理学』にも通底する見方である。特に第五章で扱う『大論理学』の「本質論」では、諸物とその本質の関係が同様の運動として捉えられ、「反省」と呼ばれることになる。

『精神現象学』では、「悟性」章の次にくるのは「自己意識」章である。そこでの議論の焦点は、社会の中で他者とともに生きることから生じる流動性へと移ってゆく。実践的な次元へとフォーカスが移ると言ってもよいだろう。しかし、そこでの議論は、ほかの実践哲学的な箇所と合わせて次章で見ることにする。その代わりに以下本章では、『精神現象学』をさらに読み進めた先にある、有機体についての理論哲学的な議論が展開される箇所を取り上げたい。

三　有機体と流動性

有機体論の流行

ヘーゲルにおける流動性のイメージを語ろうとするとき、欠かせないモチーフが有機体である。有機体とは、動物や植物などの生物の身体のことだ。本章では最後に、この話題に触れておきたい。

ヘーゲルが活躍した一九世紀はじめは、生物学・生理学の黎明期《れいめいき》である。いまでこそ、私たちを含む動物の身体が細胞からできており、その細胞の大部分がタンパク質からできていること、生命活動が、呼吸や燃焼、光合成といった化学的なプロセスによって理解できること、遺伝情報がＤＮＡという化学物質によって保存され伝えられること、これらのことは常識となっている。しかし、ヘーゲルが生きた時代には、これらのことはほとんど知られておらず、少しずつ解明の途につき始めたという段階であった。それゆえに、生命が宿る有機体は、この時代の学者たちのインスピレーションをかき立てるものであった。

例えば、ヘーゲルを含む多くの哲学者が注目した現象に、「ガルヴァーニ電気」がある。ガルヴァーニ電気とは、有機体の内部に電流が発生し、それによって筋肉が収縮する現象のことだ。現在では、筋肉の収縮が電気的な刺激によって生じることは常識であり、何も不思議なこととは考えられないだろう。腹筋に電流を流すタイプのトレーニング機器があるほどだ。しかし当時としては、生命現象が電気と関わっているということ自体が大きな謎を呼んだ。なぜなら、電気は生命特有の現象ではなく、例えば雷のように、生命を持たないものにおいてこそ典型的に観察されるものだったからだ。

この現象にインスピレーションを得た、現代でも誰もが知っている文学作品がある。メアリー・シェリーのゴシックホラー小説、『フランケンシュタイン』だ。主人公の科学者・フランケンシュタイン博士は、電気の力を使って生命を創り出してしまう。ここで創り出されたのが、いわゆる「フランケンシュタインの怪物」である。この小説からも、ガルヴァーニ電気という現象についての知見が、科学実験の成果でありながら、同時にある種の神秘的な雰囲気をまとって各方面の関心を集めていたことがわかる。

『精神現象学』の有機体論

『精神現象学』のヘーゲルも、有機体論に多大な関心を寄せ、多くの頁を割いて論じている。この議論は、「理性」という章の前半部、「観察する理性」という箇所にある。

本書にとって重要なのは、有機体が流動性という特徴を持つものとして語られることだ。これについて明示的に論じられる箇所を引用してみたい。

概念の単純性のうちにあるプロセスを自らのもとに持つ対象が、有機的なものである。それは以下に述べる絶対的な流動性である。すなわち、有機的なものは一定の特徴によって他者に対してあるということになっているのだが、その特徴は、流動性のうちで溶けてしまっているのである。

（GW9, 145; 上四〇六）

有機体は、「絶対的な流動性」だとされる。その理由は、有機体が持つさまざまな特徴が、内側では「溶けてしまっている」からである。有機体は一定の形を持たず、常に変化し続ける。実際、私たちはじっとしているときでも常に呼吸し続けているし、それどころか体内ではさまざまな化学反応がひっきりなしに進行している。

ヘーゲルは続けて、非有機的な物体と対比しながら有機体の特徴を論じる。

非有機的な物体は、その本質として一定の特徴を持っている。そしてそれゆえに、他の物体と一緒になった仕方でしか、概念の諸契機の完全性を構成することができない。またそれゆえに非有機的な物体は、運動することでばらばらになって消えてしまう。これに対して、有機的な存在者は、一定の諸特徴の全体によって他者に対して開かれており、その特徴は有機的で単純な統一のもとで結びつけられている。そのどんな特徴も、自らを自在に他者へと関係づける本質的なものとして現れることはない。それゆえ有機的なものは、そ

の関係そのもののうちで、自らを保ち続けるのである。（GW9, 145; 上四〇六）

改めて確認すると、非有機的な物体は、一定の特徴を本質として持つ。そして、もし動かされれば、もともとの配置が崩れてばらばらになる。これに対して有機的なもののさまざまな特徴は、どれか一つが本質というものではない。むしろ、さまざまな特徴が互いに関連づけられて一つに統一されたものが有機的なものである。

こうしたことが述べられているわけだが、引用の中に一つ、異質とも思える記述がある。それは、「概念の諸契機の完全性」への言及だ。このことの理解は容易ではないが、しかしここにこそヘーゲルが有機体とその流動性を重視する理由がある。

諸概念のネットワークと有機体

ヘーゲルが「概念の諸契機」ということで考えているのは、「普遍・特殊・個別」の三つである。概念というものを「普遍」「特殊」「個別」の三つに分けて理解するというのは、アリストテレスにまで遡る西洋の伝統的論理学におけるいわば定石である。しかしヘーゲルの捉え方には通常と異なる点がある。それらを常に「契機」として理解するということだ。

第一章で見たとおり、「契機」とは、それだけでは存在することができず、全体の中の要素としてのみ存在するもののことである。それゆえ概念の三つの契機は、一緒になって全体を構成し、そのことによってのみ存在できるようなものとして理解される。一言で言えば、ヘーゲルは概念を一つ一つ独立したものとは見ず、常に「諸概念のネットワーク」の中にあるものとして見ているのである。

先ほどの引用では非有機的なものが、「他の物体と一緒になった仕方でしか、概念の諸契機の完全性を構成することができない」と言われていた。これはすなわち、非有機的なものの一つ一つを見ているだけでは、「普遍」「特殊」「個別」という概念の三つの契機が一つの全体をなしていることがわからない、ということだ。それらを相互に関連づけるときに初めて、諸概念がネットワークをなしているということがわかるのである。

これに対して、有機的なものは、ほかのものと関連づけられなくても、その内側にさまざまな契機を持っている。しかもそれらの契機は、有機体が動き回ったり成長したりするときにも恒常性を保ちながら相互に関係し合っている。この有機体のあり方は、ヘーゲルが考える概念のイメージとぴったり重なっている。

概念が動き回りながらも恒常性を保つとはどういうことだろうか。諸概念のネットワークは、それまで知られていなかった事実が明らかになったときに変動する。例えばクジラはえら呼吸をしていると思っていた子どもが、実際には肺呼吸をすると知ったとする。このとき、クジラと魚類、哺乳類、さらにはマグロやカバの概念からなるネットワークが変動する。すなわち、クジラは魚類ではなく哺乳類であり、マグロではなくカバの仲間だ、というふうに、概念のつながり方に変更が加えられる。

ヘーゲルは、この変動しつつも全体として恒常性を維持する概念のネットワークのあり方を、環境に適応しながら生き延びる有機体になぞらえて理解している。獲物を見つければ捕食行動を起こし、病原体が体内に侵入すれば免疫システムが発動し、けがをすれば血小板が集まって傷口を塞ぐ。有機体も、こうしたさまざまな変動を通じて、同じものであり続けようとするのである。ヘーゲルはこうした有機体のあり方をヒントに、概念とはいかなるものかということをも理解しているのだ。

ここで思い出してほしいことがある。それは、『精神現象学』の冒頭に植物の比喩が置かれていたことである。つぼみが花に、花が果実になる。第一章では、いわゆる「正反合」の弁証法のモデルではこのことが理解できないと指摘した。さらに、そこにおいて諸契機の流動性というモチーフをこそ見るべきであると強調した。いま振り返ってみれば、あの箇所で登場した植物はまさに有機体である。つまり、ヘーゲルが自分の思考法を説明しようとする際に、真っ先に引き合いに出されたのが、有機体の例だったのである。

そしてこれほど重要な役割を果たす有機体は、前掲の引用において、「絶対的な流動性」と呼ばれていた。このこと一つをとっても、ヘーゲル哲学にとって流動性がいかに重要かということがわかるだろう。ヘーゲル哲学は決して凝り固まったものではないし、閉鎖的な体系でもない。そうではなく、流動性へと開かれたものなのである。本章では認識論や科学論に関わる理論哲学的な議論を中心に、このことを見てきた。次章では、『精神現象学』において行為や道徳といった実践哲学が論じられる箇所でも同様の特徴が見出せることを確かめたい。

第三章　行為の不確実性

本章では、『精神現象学』の中でも実践哲学的な議論が展開されている箇所を扱いたい。実践哲学とは、私たちの行為や道徳に関わる哲学の分野のことである。『精神現象学』の実践哲学は、一九世紀のカール・マルクス（一八一八～一八八三）以来、労働の哲学として注目されていたが、二〇世紀後半になって「相互承認」の哲学として新たに脚光を浴びるようになった。本書では、こうした実践哲学的な分野についても、ヘーゲルが流動性を重視しながら論じているということに着目する。

本章で扱うのは、「主人と奴隷」として知られる「自己意識」章の議論と、人間の行為の分析が展開される「理性」章の議論、そして、道徳的な正しさを追い求める「良心」について論じられる「精神」章の議論である。これらの議論のいずれの中にも、流動性を重視するヘーゲルの姿が見出されるはずだ。

一　流動性から見た「主人と奴隷」

「主人と奴隷」というテクスト

『精神現象学』のⅣ「自己意識」章に含まれる「主人と奴隷」に関するテクストは、ヘーゲルの多彩なテクスト群の中でも、とりわけ多くの読者の注目を集めてきた。この箇所には、二人の「キャラクター」が登場する。一方は主人であり、他方は奴隷である。奴隷は、主人におびえながら労働する。主人は、その奴隷の労働の成果を働かずして享受する。ヘーゲルは、この二人のキャラクターのうちいずれが「本質的意識」ないし「自立的意識」であるかを問う。

一見すると、自立的なのは主人である。奴隷は主人に隷属するのだから、自立的とは言えないように思える。しかしよくよく考えてみると、奴隷の方が自立的意識だとわかるはずだ、とヘーゲルは言う。なぜなら、主人は客体としての事物に直接触れることがないからである。主人が手にするものは全て、奴隷によって加工されたあとの事物である。他方、奴隷は労働を通じて、世界内の事物と直接に相対し、それを加工する。奴隷のこの側面が、奴隷を自立的意識にする。この意表を突く展開は、のちの読者に「主人と奴隷の弁証法」とも呼ばれ、ヘーゲルの優れた洞察を示す箇所として読み継がれてきた。

奴隷は死の恐怖にさいなまれる

主人ではなく奴隷が本質的意識であるとはどういうことか、という問題についてはさまざまな解釈があるが、それらをつぶさに追うことは本書の目的ではない。むしろ私がここで注目したいのは、奴隷が本質的意識となる可能性を秘めていることが、「流動性」という言葉を用いて語られていることである。この観点から、いかにして奴隷の意識が本質的意識たりうるのかについてのヘーゲルの叙述を追ってみたい。

ヘーゲルは主人と奴隷のうち奴隷だけが直接事物に接する、ということを論じたあとで、奴隷の意識とはどのようなものか、という問題に立ち返り、それを奴隷自身の主観に即してたどり直そうとする。ヘーゲルによれば、「はじめは、奴隷にとっては主人が本質である」(GW9, 114: 上三一三)。すなわち、奴隷は自分のことを自立的に存在する本質だとは思えず、自分の生殺与奪を握る主人の方だけが自立的だと感じている。しかし実際にはその逆で、奴隷の方が自立的なのである。

実は奴隷は、自らが自立的であるということを、潜在的には経験しているのだとヘーゲルは言う。なぜなら、奴隷が感じる死の恐怖そのものが、奴隷の自立性を示唆するからである。

この〔奴隷の〕意識は、特定のあれやこれやについて不安に思ったり、あるいはこの瞬間やあの瞬間に不安を感じたりしているわけではない。むしろ、その存在の全体にわたって不安を感じている。というのも、奴隷の意識は死という絶対的主人の恐怖を感じているからである。

（GW9, 114; 上三一四）

現代の日本に生きる私たちが死の恐怖を感じるのは、例えば大病が判明したときや、あわや交通事故を起こしかけたときなど、強烈に死を意識させる出来事が生じたときであろう。そうしたことが生じない限り、私たちは死への不安を忘れて生きている。奴隷を使役する主人も同様だろう。特定のことがらを不安に思うことはあっても、常に死の恐怖にさいなまれ続けているわけではない。

しかし、奴隷の意識は違う。奴隷の人生は、常に死の恐怖と隣り合わせだ。そもそも主人に生殺与奪を握られ、したがって死の恐怖で脅され続けているからこそ、奴隷は主人のために奉仕しているのである。ヘーゲルはこのことを、「その存在の全体にわたって不安を感じている」と表現する。そう言えるのは、奴隷を突き動かすもの、奴隷にとっての「絶対的主人」が、実はあれこれ指示してくる人間としての主人ではなく、死の恐怖そのものだからである。

死の恐怖から自立性への反転

ヘーゲルは、奴隷の存在の全体を支配する死への恐怖が、奴隷の自立性へと反転すると見ている。この議論の中で重要な役割を果たすのが、本書が着目してきた「流動性」だ。

> 奴隷の意識は死の恐怖において内側から溶けてしまい、その意識は自己自身の内側で完全にぐらついてしまって、あらゆる凝り固まったものがその意識のうちで振動することになった。この純粋で普遍的な運動は、全ての存在するものが絶対的に流動的になることなのだが、それはしかし、自己意識の単純な本質であり、絶対的な否定性である。それは純粋にそれだけである存在であり、そうした存在はこのことによって奴隷の意識のもとにある。
>
> (GW9, 114; 上三一四)

やや難解なので丁寧にパラフレーズしていこう。常に死の恐怖にさいなまれ続けることで、奴隷の意識は溶けてしまう。くだけた言い方をすれば、恐怖で脳内がぐちゃぐちゃになってしまう、といったところだろう。ヘーゲルはこの事態を捉えて、「完全にぐらつ」くと言い換える。さらに、これが「あらゆる凝り固まったものがその意識のうちで振動する」と言い換えられる。このあたりで少しトーンが変わってくることに注意しよう。脳内がぐちゃぐちゃになり、ガタガタと震えている、という恐怖の描写が、「凝り固まったものの振動」という抽象的な次元で捉え返されている。さらにはそれが「純粋で普遍的な運動」「全ての存在するものが絶対的に流動的になること」という、恐怖のネガティブなイメージからかけ離れた、ポジティブとも取られうるイメージで把握される。そしてこれこそが、「自己意識の単純な本質」だとされ、これによって最終的には「純粋にそれだけである存在」すなわち自立的なあり方が奴隷のもとにある、とまで言われることになる。こうして死の恐怖こそが潜在的に奴隷の自立性を示している、というパラドクシカルな議論が完成される。

さらに理解を深めるために、引用中の二箇所について、その表現に注目したい。一つは、「あらゆる凝り固まったものが〔…〕振動する」という表現であり、もう一つは「全ての存在するものが絶対的に流動的になること」という表現である。

第一章で私たちは、「凝り固まった」思考を「流動性」へともたらすことが近代哲学の課題であるというヘーゲルの考えを見た（六四頁）。ここにはそれと同様の表現が再び現れている。第一章ではこれらの表現は、既成の哲学体系を現実と適切に結びつけることの必要性を論じるために登場していた。今回はこれらの表現は、奴隷が死の恐怖のゆえに逆説的に自立的である、ということを示すために用いられている。

この表現の一致は単なる偶然ではないと私は考えたい。奴隷が感じる死の恐怖は、固定観念を流動化させ、それによって奴隷は思考における自由を獲得する。言い換えると、恐怖によって、奴隷は近代哲学の課題を克服することへ向けて一歩を踏み出すことができるのである。こうして思考の次元での自由を獲得しているからこそ、奴隷は少なくとも潜在的には、ヘーゲルの言う「自立性」を手中に収めていることになる。

もちろんこの議論は、留保なしに受け入れられる類いのものではないだろう。このことは強調しておきたい。実際に死の恐怖にさいなまれれば、何かを考えることすらおぼつかなくなるはずだ。しかもここでのモチーフは「主人と奴隷」である。この箇所を悪意を持って恣意的に解釈すれば、いわゆる「ブラック企業」を肯定し、社員を過労に追いやることを「思考の自由」と称する議論を組み立ててしまうことすら可能かもしれない。

こうした懸念に対して私がここで強調したいことは二つある。一つは、ヘーゲルがここで奴隷に帰属させるのはあくまでも「潜在的な」自立性だということだ。奴隷が手放しに自由だとはヘーゲルは考えていないし、ましてヘーゲルは奴隷労働を肯定していない。『精神現象学』の続く箇所でも、こうした思考の自由は、思考の内側だけの自由にすぎないとして、古代のストア主義になぞらえて批判され、さらなる克服が目指されることになる。もう一つは、こちらの方がより重要だが、私がこの議論を取り上げたのは、ヘーゲルがこれほどまでに流動性を重視していたと確認するためだということだ。死の恐怖そのものではなく、それがもたらす流動性をこそヘーゲルは高く評価し、それを人間の自由と結びつけた。この議論の成否はともかく、ヘーゲルにおいて流動性が自由と結びついているということそれ自体が、ヘーゲル哲学を理解するための鍵だと私は考えている。

先述のとおり、『精神現象学』の議論の流れの中では、奴隷がここで獲得した思考の自由は、思想における自由を重視する「ストア主義」という哲学的な立場に接続されることになる。しかし私たちはその議論を追うことはせず、より実践的な行為の場面をヘーゲルがどのように描いているのかという問題へと移りたい。

二　環境と主体の相互浸透

行為はなぜ哲学の問題になるのか

「行為とは何か」という問題は、哲学の古典的な中心問題の一つである。ヘーゲルの行為論へと進む前に、「行為とは何か」がなぜ重要な哲学的問題なのかということについて論じておきたい。

この問題が重要な理由はさまざまにあるが、ここではそのうちの二つを挙げたい。一つは、「行為とは何か」という問いは、「人生とは何か」という問いにつながっているということだ。「行為とは何か」という問いは、哲学や心理学などの一部の学問分野を学ぶときを除けば、あまり意識に上ることのないものだろう。これに対して、「人生とは何か」という問いは生きている限り全ての人が出会う問いである。困難に直面して、「人生とは一体何なんだ」と嘆く。あるいは「七転び八起き、これが人生だ」と無理矢理自分を奮い立たせて前に進もうとする。転職や結婚のような人生のターニングポイントで、自分の人生観を問い直すこともある。こうした場面で、人は「人生とは何か」という問いに直面せざるをえなくなる。この問いの重要性を否定することは難しいだろう。

「行為とは何か」という問いは、人間である限り避けられない「人生とは何か」という問いの「ミニチュア版」と見なせる。人生は、行為の積み重ねによって成り立っているからだ。お茶を買うかジュースを買うか、契約書にサインすべきか否か、仕事に行くか家族と過ごすか等々、日常のさまざまな場面で、私たちは行為を選択する。これら一つ一つの行為が積もり積もって私たちの人生になるのだ。したがって、「人生とは何か」ということを哲学的に理詰めで考えようとすると、「行為とは何か」という問いに突き当たらざるをえないのである。いわば行為は、人生を考える際の最小単位であり、だからこそ「行為とは何か」の問いは、哲学で問われるべき重要な問いになりうる。

「行為とは何か」の問いが重要であるもう一つの理由は、行為とは、人間という主体と、そこから切り離された世界という客体が出会う場面だからだ。行為とは人間が世界にはたらきかけることである。このはたらきかけにおいて、例えば「立ち上がりたい」という思考ないし欲求が、「立ち上がる」という行為に変換される。この「思考から行為への変換」がいかにして起こるのか、ということを明快に説明することは、想像以上に難しい。多くの哲学者がここでつまずき、さまざまな説明を積み重ねてきた。

実践的推論

ヘーゲルの行為論の特徴を見る前に、哲学においてスタンダードの地位を得てきた行為の説明がどのようなものかを紹介しておこう。それは、「実践的推論」というモデルを用いたものである。古くは古代ギリシャのアリストテレスにまで遡る考え方だが、ここでは二〇世紀アメリカの哲学者、ドナルド・デイヴィドソンによって定式化されたモデルを紹介しておこう。[*1]
人は何かをなすとき、それに先立って「何をなすべきか」ということを考える。哲学者たちは、この思考のプロセスを「実践的推論」と呼んできた。例えば、「コンビニでパンを買って食べる」という行為に至る実践的推論はどんなものか、考えてみよう。この人はまず、多少ともお腹《なか》がすいていて、「何かを食べて空腹を満たしたい」と考えていたはずだ。このような「○○したい」という形を持った心の状態を、哲学用語では「欲求」という。また、「近所のコンビニにはパンがある」「パンを食べれば空腹が満たせる」「手元にはパンを買うためのお金がある」といったことがわかっていたはずだ。これらの心の状態を哲学用語では「信念」という。そして、欲求と信念を組み合わせて何をしたらよいのか考えるプロセスが実践的推論だ。この推論の結果、この人は「コンビニでパンを買って食べる」という行為に至ることになる。

実践的推論による行為の説明においては、「頭の中の主観的な思考プロセス」から、「行為という客観的な身体の動き」に至る、という一方向的な流れが想定されている。何をすべきか考えてから行為する、という流れが定式化されているわけである。当たり前のように思われるかもしれないが、しかしヘーゲルはこの点に異議を唱える。この点でヘーゲルの説明は、行為の哲学のスタンダードから外れている。

社会の中の行為

ヘーゲルはまず、人間の行為が常に思いどおりの結果を生むとは限らない、ということを指摘する。『精神現象学』の「心の法則」と呼ばれる箇所では、義賊のカール・モールを主人公にしたフリードリヒ・シラーの戯曲、『群盗』になぞらえた議論が展開される。ここで主人公は、自分の信条に従って犯罪行為をなす。しかしその行為は他者に理解されず、主人公自身にとっても望ましくない結果をもたらしてしまう。

『群盗』は残念ながら日本における知名度が高くないが、日本でよく知られた話としては新撰《しんせん》組《ぐみ》における粛清に似ているかもしれない。国のため、正義のために立ち上がった新撰組の浪士たちは、自分たちが掲げた掟《おきて》のために多くの仲間を粛清せざるをえない事態へと陥った。

ヘーゲルが『群盗』の事例を取り上げるのは、行為がなされたあとの結果や、その結果についての社会の受け止め方を重視するからである。事後的な結果やそれへの評価という要素を考慮しないのならば、行為の哲学は不完全なものにとどまる。行為とは何か、という問いに答えるためには、行為がなされたあとのことも考えなければならないのである。

ヘーゲルの「行為がなされたあとのことも考慮する」という態度は、行為の哲学のスタンダードたる「実践的推論」の考え方において抜け落ちていたものだ。実践的推論によって行為を説明する場合、主体の頭の中から、その外側の身体の動きへ、と進行するプロセスだけが注目される。これに対してヘーゲルは、身体の動きがなされたあとの展開も重視している。[*2]

我々はここにも、流動性を重視するヘーゲルの姿を見ることができるだろう。行為の説明は、行為がなされた時点では決して完成されない。そのあとの予測困難な展開にまで気を配らなければ、行為とは何かを解明することはできない、とヘーゲルは主張する。ここからは再び、硬直した体系というイメージとは全く異なるヘーゲル哲学の姿が浮かび上がる。

行為の三つのフェーズ

これまで、実践的推論を基調とした現代のスタンダードな行為論では捉えられない、行為がなされたあとの次元に着目するヘーゲルの議論を取り上げてきた。ヘーゲルはまた別の点でも、実践的推論を基調とする行為論とは異なる行為への見方を提示している。

スタンダードな行為論では、主観的な思考と客観的な身体運動の間には、主観から客観へ、という一方向的な関係があると見なされる。これに対してヘーゲルは、主観と客観によって構成される「円環」として行為を説明しようとする。すなわち、思考から身体運動へ、という一方向的な関係ではなく、両者の間の双方向的な関係に注意を促そうとしている。ここからは、この議論を詳しく取り上げたい。

ヘーゲルは行為についての議論を、具体例を挙げることなく展開している。しかし、ここでの議論を理解しやすくするには、自らのあり方を大きく左右するような、自己実現に関わる行為のプロセスを具体例として念頭に置くのがよい。そこで、グローバルに活躍したいと願う高校生のアキコという人物を考えてみよう。アキコは、グローバルに活躍できる人になるという夢を叶《かな》えるために、コミュニケーションに必要な語学と、グローバルな教養としてのヘーゲル哲学を大学で学ぼうと決めた。そのために受験勉強に力を入れ、合格した大学では語学と専門科目をしっかりと学んだ。その結果アキコは、自ら夢見たグローバルに活躍する人物になることができた。このアキコの自己実現の一連のプロセスについて考えてみる。

ヘーゲルは、行為を三つのフェーズ、ヘーゲルの言い方では三つの「契機」に分けて理解する。はじめ、高校生のアキコは「グローバルに活躍する自分の姿」を思い浮かべたはずだ。この思い浮かべられた将来の姿のイメージが、ヘーゲルによれば、行為の第一の契機である。第一の契機は、「まだ意識に属しており、目的として現前する対象」だと言われる（GW9, 217: 上六一二）。大変わかりにくい表現であるが、まだ現実ではない目的だというのだから、これは主観的に目論《もくろ》まれたものとしての目的のことだ。青写真と言ってもよいだろう。この主観的な目的は、「現実性に対立」しているともいわれる。これはまさに、これから受験勉強に打ち込もうとするアキコが思い浮かべている、将来の自分のイメージである。

第二の契機は、受験勉強をする、大学で学ぶといった一連の活動だ。これはヘーゲルの言葉では、「移行そのもの」としての「手段」である。手段は、「静止していると思われた目的の運動」であり、「形式的な現実性への目的の関係としての現実化」とも言われる（GW9, 217: 上六一一～六一二）。身体を動かすことによって、人は頭の中にあった目的を現実へと関わらせ、それを現実化する。大学で学ぶことはグローバルに活躍する人物になるための手段である（学ぶことが身体を動かすことだと言われると違和感があるかもしれないが、突き詰めれば大学まで移動し、教室に座り、手を動かしてノートを取ることが学ぶための手段として必要である）。これによって、単なる頭の中のイメージとして「静止していると思われた目的」が具体的な形を取り始める。こうして目的は現実化される。

アキコは最終的に、夢見ていたグローバルに活躍する人物になることができた。この、最終的なアキコの姿が、行為の第三の契機である。それは「行為者から生じたもの」でありながら、「行為者にとって他者として存在する」ものとしての対象である（GW9, 217; 上六一二）。これも大変わかりにくい表現であるが、首尾良く実現された目的のことを指している。グローバルに活躍するアキコは、紛れもなくアキコの行為によって生じた。この意味で、「行為する者」すなわちアキコから生じたといえる。一方で、実際に活動していたのは高校生や大学生のアキコであり、その時点ではアキコはまだグローバルに活躍する人物ではなかった。したがって、グローバル人材としてのアキコは、高校生や大学生のアキコにとって「他者」でもある。アキコは、当初の自分とは違う、夢の自分になることができたのである。

円環としての行為

ここまでのヘーゲルの説明は、主観から客観へ、という一方通行のプロセスとして行為を描くものである。この点では実践的推論に基づく現代行為論の図式と大差ない。しかし、ヘーゲルが本領を発揮するのはここからだ。ヘーゲルは、自ら提示してみせたこの図式をすぐさま流動化させる。

そもそもいま、区別された行為の三つのフェーズが「契機」と呼ばれていたことが、これらの区別が固定化されるべきではないというヘーゲルの考えを先取り的に示していた。第一章の植物の例で見たとおり、契機とは全体を構成する部分でありながら、全体の流動的な統一の中でのみ存在するようなものである。植物の例では、生命のサイクルが先にあって、その中につぼみや花や果実が見出された。これと同様に、人が行為するというプロセス全体が先にあって、それに照らして三つの契機が見出される、という順番になっているとヘーゲルは考えている。

ヘーゲルはこのことを、三つの契機は内容の観点からは区別できないのだと指摘することから説き起こす。ヘーゲルによれば、「内容は三つの契機を通じて同じものであり続ける」のであり、そこには「いかなる区別も入り込まない」(GW9, 217: 上六一二)。グローバルな人になることを目指したアキコにおける三つの契機の内容はいずれも「グローバルな人になること」である。この意味で三者は区別できず、一体のものとして捉えられなければならない。

これに加えてヘーゲルは三つのことを指摘している。第一に、私たちが何かしようとするときには、現実の状況が前提とされる。例えば私たちは、一〇〇メートルを一秒で走ることができない。それは現実的に不可能であり、目的として思い描くことすらできない。

第二に――ここから話がややこしくなるが――私たちは、自分の行為を通じて初めて、自分が何者であったかを知る。先ほど例に挙げたアキコは、本当に自分がグローバルに活躍できるのか半信半疑だったかもしれない。それでも努力の結果、見事目標を達成することができた。実際に目的が達成できたことをもって、アキコは自らがグローバルに活躍できる人間であったことを知る。私たちの行為にはこのような側面がある。

第三に、私たちが思い描いた目的が本当はどんなものだったのかということも、実際の行為を通じて初めてわかる。高校生のアキコの夢は、漠然と外国で活躍したい、というものだったはずだ。それが大学卒業時には、国際ＮＰＯで働くという形で、目的が具体的な形を取っているかもしれない。

この第三の点は、現代アメリカのヘーゲル研究の大家であるロバート・ピピンが好んで取り上げる、詩作の例で考えるとよりわかりやすい。ピピンが挙げるのは、素晴らしい詩を書こうとしたが、結果として平凡な詩しか書くことができなかった人物の例だ。できた詩が平凡な詩だったという事実に直面して初めて、この人は自らが書こうとしていたのがまさにその平凡な詩だったことを知ることになる。[*3]

以上の分析を経てヘーゲルが至る結論は、行為は円環をなす、というものだ。

行為しつつある個人は、円環の中にいるように見える。その円環においては、行為の各々の契機が、他をあらかじめ前提している。またそのため、いかなる始まりも見つからない。なぜならその個人は、自分が目的としているはずの自らのもともとのあり方を、なされたことから初めて知るからである。かつ他方では、行為をなすためには、前もって目的を持っていなければならないからである。（GW9, 218; 上六一四）

行為の前に、自分が何を目指していたかを明確に知ることはできない。実際にやってみなければ、本当のところ自分にできることが何だったのか、自分がしようとしていることが何だったのかはわからない。他方で、実際の行為の前に、何かを目的として思い描いていなければ、そもそも行動を起こすことすらできない。したがって、自分が何をしたいのかは行為のあとにしかわからないのにもかかわらず、行為の前に自分が何をしたいのかわかっていたのでなければ行為することはできない。この循環構造をヘーゲルは「円環」と呼んでいる。

ヘーゲルはここに至って、主観的に思い描かれた目的から実際の行為へ、そして目的の実現へ、という時系列的な説明の枠組みを自ら壊し、流動化させている。自分が何をしようとしていたかが確定されるのは、行為がなされたあとだということになるからである。もちろん時間が逆戻りをするわけではないのだが、内容理解の上では、両者には循環構造があるのだ。

このようなヘーゲルの説明は、私たちの行為への見方を大きく揺さぶるものでもある。なぜならヘーゲルの説明は、主観から客観へ、すなわち思考から身体運動へ、という現代行為論的な枠組みからも大きく外れているからである。標準的な現代行為論は、行為に先立って自分が何をしたいのかを人は常に明確に意識することができる、という前提の上に組み上げられている。ヘーゲルの議論はこの前提に疑問を投げかけるものとなっている。

三　美しい魂の流動化

「美しい魂」とは

最後に、道徳的な行為についての議論を取り上げたい。『精神現象学』Ⅵ「精神」章の末尾で、ヘーゲルは良心に基づく行為について検討している。この箇所は、ヘーゲル独自の「承認論」が展開された箇所として、二〇世紀後半以来注目を集めてきた。

ヘーゲルがこの箇所で検討しているのは、シラーにしばしば帰属させられる、「美しい魂」というあり方を理想と見なす道徳論である。美しい魂を持つ人にあっては、自分がしたいと思うことと、道徳的になすべきことが常に一致している。したがってこの人は、困っている人を見れば助けたいと思い、嘘《うそ》をつくことを嫌悪する。

ヘーゲルはこの立場を良心的意識とも呼んで検討を加え、美しい魂ないし良心的意識の立場に問題点を見出す。シラーの立場はしばしばカント倫理学批判と見なされてきたものであり、ここでの議論は、カントを批判するシラー、そしてそのシラーを批判するヘーゲル、という哲学史のエピソードとしても興味深いものだ。しかし、私たちにとってより興味深いのは、ヘーゲルが美しい魂の立場を批判する根拠として、美しい魂は身動きが取れなくなってしまう、と論じていることである。

美しい魂への批判

議論の細部を追ってみよう。美しい魂は、自分が為《な》そうとすることが全て、道徳的な義務と一致すると考えている。この人はいわば、自らの正しさを確信する「道徳的天才」である。ヘーゲルはこのことを、キリスト教的な神のイメージを用いて表現する。すなわち、ヘーゲルによればこの道徳的天才は、「自分が直接的に知っている内なる声が、神の声であると知っている」（GW9, 352; 下三五一）。

上の引用でヘーゲルがすでに、「直接的」という言葉を忍ばせていることに気づいただろうか。美しい魂を持った道徳的天才は、何が道徳的に正しい行為、神が命じるはずの行為であるのかということを、直接的に知っている。この点に、美しい魂の立場の問題がある。図式的に言えば、直接性は媒介され、流動化させられなければならないのである。

ここでの流動化は、実際に行動することを指している。美しい魂は自分の正しさに固執するあまり、行為することすらできないのだとヘーゲルは言う。

この意識〔美しい魂〕に欠けているのは、外へと委ねる力である。その力は、自らを事物とする力であり、存在に耐える力である。意識は、行為して実際に存在するようになれば、その内面の華麗さを汚してしまうのではないかという不安のうちに生きている。そして、その心の純粋さを保つために、意識は現実の努力を免れようとしている。

(GW9, 354: 下三五六)

何かが正しいと思っても、実際に行動に移すことには勇気が必要だ。道ばたでうずくまっている人に声をかけることが正しいと思っても、実際に声をかけると迷惑がられてしまうかもしれない。実際に行動を起こせば、その行動が正しかったのかどうかは、「外へと委ね」られることになる。それは自らを、コントロールの外にある「事物」にしてしまうことである。言い換えると、美しい魂は、存在することに耐えられないのである。なぜなら、その内面の華麗さが汚されてしまうのではないかと不安だからだ。心の純粋さを、そのままに保ちたいからだ。さらに言えば、実際に行動して、当てが外れて顰蹙《ひんしゅく》を買ったり、批判されたりするのが怖いからだ。

しかし、全く行為せずに済ます美しい魂は、当然ながら道徳的に正しいあり方だとは言えないだろう。正しさを直観しているのだ、善い意志を持ち、しかもそうしたいと思ってもいるのだ、とどれだけ主張しても、実際に行動に移さないならば何の意味もない。本当に正しくあろうとするならば、リスクを取って行動しなければならないのだ。

告白と信頼

もちろん、実際に行動すれば、批判されることもあるだろう。ヘーゲルは、そのことがわかった上で行動することこそ、あるべき姿だと考える。そして、その姿勢を「告白」という言葉で表現する。

告白とは、自分が心から正しいと思って為した行動が、実際には間違っているかもしれない、という可能性を認めることだ。ヘーゲルによればその告白は、「承認された普遍的なものに対立して、自分の内面の法則と良心にしたがって行為した」という主張の形を取る（GW9, 356; 下三六二)。自分が良心にしたがって正しいと信じることが、皆が普遍的に認める正しさとは異なるかもしれない、と認めるだけの謙虚さを伴いつつ、勇気を持って行動することがどうしても必要なのである。

こうした謙虚な告白を伴った勇気ある行動に対して、批判が向けられることもあるだろう。ここでヘーゲルは、批判者にも「告白」の態度を要求する。批判者は、安全なところから一方的に行為の善《よ》し悪《あ》しを品評するような態度を取ることはできない。批判者の側も、誤りを指摘されるリスクを負い、自分の批判が間違っている可能性を受け入れなければならない。そうでなければ、まともな批判とは言えない。ヘーゲルによれば、こうして双方が誤りの可能性を認めるときに初めて「信頼」が成立する。

ヘーゲルのこの議論は、「良心の相互承認」としても知られる。経済思想家でマルクス研究者の斎藤幸平はこの議論を、「分断」の時代ともいわれる現代の政治的な意見の対立になぞらえながら理解しようとしている。

意見の対立があるとき、自分の意見こそが絶対に正しい、という態度を取っていては、信頼が生まれない。信頼がなければ、仮に正しい意見であっても、その正しさに見合った有効性を獲得することはできない。反対の意見を持つ人の心には響かないからだ。斎藤は、「信頼関係があって初めてエビデンスが意味をもつ」とも言う。この議論は、ヘーゲル哲学の現代への応用として興味深い[4]。

流動化を重視するヘーゲルの考え方は、自分の行為の評価や表明した意見に対する評価を、相手に委ねる態度が重要だという主張にもつながっていると言えるだろう。自分の意見に固執してはならない。まして、意見を表明したり、行動を起こしたりすることそのものを恐れて、思考の内側に引きこもってはならない。誤りの可能性を認めつつ行動を起こすことは、正しさについての自分の考えを流動化させることである。つまり私たちは、不確実さを受け入れなければならないのだ。

『精神現象学』における「流動化」のまとめ

ここまで三章をかけて、『精神現象学』の中に、流動化を重視するヘーゲルの態度を見出してきた。すでに「閉鎖的な体系の完成者」というヘーゲルのイメージは大きく変わっているのではないだろうか。その軌跡を改めて確認してみたい。

第一章では、『精神現象学』の序文をもとに、哲学とはそもそも流動化を目指すものなのだ、というヘーゲルの考えを再構成した。ヘーゲルは、とりわけ近代という時代にあって、すでにある理論を「流動化」させることが哲学には求められていると考えているのだった。

第二章では、『精神現象学』における認識論や科学論に注目した。そこでは、「感覚的確信」

への批判が、直接性を重視して媒介による流動化を軽視する態度そのものへの批判であることを見た。また、自然科学の法則を静止したものと見なす立場が批判され、法則が、その法則によって説明される現象と区別されつつ、再び同一視されるという、科学的説明の流動的なプロセスを重視するヘーゲルの態度を明らかにすることができた。さらに、ヘーゲルが有機体を「絶対的な流動性」だと捉えていることにも光を当てた。

第三章では、『精神現象学』の中でも実践哲学に関わる箇所から、流動化を重視するヘーゲルの考え方が見える箇所を取り出してきた。有名な「主人と奴隷」の箇所では、奴隷が主人よりも自立性と本質性において優越するということが、奴隷の意識が流動化されていることを通じて指摘されていた。「理性」章で行為を論じる箇所では、行為の結果が他者の評価に委ねられることや、自分が何を為そうとしていたかも行為のあとになって初めて明確になるのだということが指摘されていた。そして「精神」章の美しい魂と良心をめぐる議論では、正しいと思うことを積極的に行動に移すことの重要さが指摘されていた。しかもその際、誤りの可能性を自ら認めて、自らの行為の評価を他者に委ねることが要求された。

これまで三章をかけて紹介してきた議論はもちろん、『精神現象学』の議論全体からすれば一部にすぎない。それでも、この書物のそこかしこで、ヘーゲルが思考を流動化させることを重視している、ということは十分に示せたはずだ。ヘーゲルは、思考によって作り上げられた一見して整合的な体系が容易に動揺させられうるものであり、流動的な本性を持つものであることを常に自覚している。それゆえにヘーゲルは、思考を現実の中でテストすることを何よりも重視しているとも言える。

次章からは、ヘーゲル第二の主著『大論理学』を扱う。これまで見てきたヘーゲルの議論は、体系の外側ないし入り口にある『精神現象学』でのものだった。これに対して、『大論理学』はヘーゲル哲学体系の中心にある書物である。『大論理学』を見ることで、ヘーゲル哲学体系全体において流動性が重視されているということがいっそう明確になるはずだ。

第四章　運動する論理

一　ヘーゲル第二の主著『大論理学』

『大論理学』という書物

本章からは、ヘーゲル第二の主著、『大論理学』を扱いたい。そうはいっても、本書で初めてヘーゲル哲学に触れる方の中には、『精神現象学』は聞いたことがあるけれど、『大論理学』なんて聞いたこともない、という方もいるのではないか。少なくとも高校生のころの私はそうだった。高校の教科書には『精神現象学』は出てきても、『大論理学』は出てこないからだ。

そうでなくても、『大論理学』というタイトルは、『精神現象学』と比べてもいかにも面白くなさそうだ。生半可な知識でこの書名を目にすると、きっと「正反合」の弁証法論理学についての説明と、それに基礎づけられたさまざまな定理が展開されるに違いない、と思ってしまうだろう。

しかし、それは全くの誤解である。日本のヘーゲル研究を牽引《けんいん》してきた哲学者の加藤尚武《ひさたけ》が指摘するとおり、ヘーゲルには「弁証法論理学体系」のようなものはない。[*1]『大論理学』においても、そのようなものは展開されていない。弁証法論理学体系の書だという予断を持って『大論理学』を紐解《ひもと》いた読者は、大いに肩すかしを食らうことになるだろう。

ヘーゲルにとって論理学とは何か

では、『大論理学』では何が論じられているのか。ヘーゲルの『大論理学』は弁証法論理学体系の書ではない、と言われると、当然このように問いたくなるだろう。しかし困ったことに、この問いに答えることは容易ではない。というのも、それを論じるヘーゲルの言葉が、それ自体大変に難解だからである。

ヘーゲルは、「純粋な学」としての論理学について、次のように述べている。

純粋な学は思考を含んでいるが、それは思考がちょうどことがらそのものでもある限りにおいてである。あるいはこの学はことがらそのものを含んでいるが、それはことがらそのものがちょうど純粋な思考である限りにおいてである。（GW11, 21: 10-1, 二九）

このように客観的に思考することが、純粋な学の内容である。　（GW11, 21; 10-1, 二九）

ヘーゲルが述べていることを要約するだけなら難しくない。すなわち、論理学は、「（純粋な）思考」と、「ことがらそのもの」の両方を含む。言い換えると論理学は、「客観的に思考すること」をその内容とする。しかしこれがどういうことなのかを説明するとなると困難を極める。

まずは、ヘーゲルが同時代の哲学者たちと共有していた前提を押さえよう。その前提とは、論理学とはそもそも思考についての学である、というものだ。西洋哲学の中の論理学という分野では、アリストテレスのテクストが権威を持ち、中世や近世においても、概念や判断、推論、および学問の方法論が論じられてきた。これらは、人間の思考とはいかなるものかを明確化する試みとして理解することができる。

論理学が思考についての学だということは、ヘーゲルの時代にあっては共通認識であったはずだ。このことは、ヘーゲルに先行するカントの『純粋理性批判』において、思考が概念を用いて判断する能力と同一視され、それについての分析が「超越論的論理学」と呼ばれていることからも明らかである。

このことを押さえた上で、ヘーゲルの主張をかみ砕いていこう。「純粋な学」としての論理学は思考の学であるが、思考とは、私たちが対象としての客観的世界を捉えようとするときの様式である。私たちは一定の枠組みを用いて、物事を理解しようとする。その枠組みが「思考」である。ヘーゲルはこの思考が、「ことがらそのもの」でもあると述べている。これこそヘーゲルに特徴的な主張だ。「ことがらそのもの」とは、思考によって捉えられる対象のことだ。思考と対象の両者はある地点で重なり合う。私たちが対象を捉える枠組みがまさにことがらそのものと同一であるような、また同じことであるが、対象のあり方がまさに私たちの思考と同一であるような、そういった地点がある。ヘーゲルによれば、その現場をつかまえることが論理学の役割である。

もちろん、これは間に合わせの説明にすぎない。思考と対象が同一であるとはどういうことか、あるいは、客観的に思考するとはどういうことかを理解するためには、『大論理学』の全体を丹念に読まなければならない。本書でもその一端を、これから三つの章を使って明らかにしていく。このため、以上の説明があまり明確な像を結ばなくても心配する必要はない。この時点では、思考と対象の両方を一挙につかまえようとするのがヘーゲルの論理学だ、ということがつかめれば十分である。

『大論理学』の成り立ち

ここまでは『大論理学』で大まかにどんなことが論じられているかを紹介してきた。ここでいったん立ち止まって、『大論理学』という書物の構成と成立史について説明しておきたい。

『大論理学』は、第一巻第一分冊「存在論」、同第二分冊「本質論」、第二巻「概念論」の三冊に分けて公刊された。出版は順次行われており、「存在論」は一八一二年、「本質論」は一八一三年、「概念論」は一八一六年にそれぞれ出版されている。『精神現象学』と比較してみよう。『精神現象学』は、邦訳では上下巻に分けられることも多いものの、原著では一冊の本として一八〇七年に公刊されている。これに対して『大論理学』は、最初から三冊に分けて出版された。この時点で出版の形態に大きな違いがある。

これだけでも少しややこしいのだが、この書物にはさらにややこしい事情がある。第一巻の「存在論」についてのみ、ヘーゲルによる改訂版（一八三二年刊）が存在するのである。なぜ「存在論」しか改訂版がないのかというと、一八三一年にヘーゲルが伝染病のコレラで急死してしまったためだ。ヘーゲルは当然「本質論」「概念論」の改訂を考えていたはずだが、その仕事は死によって永久に中断されてしまったのである。こうして私たちの目の前には、第一版（初版）と第二版の二つの「存在論」と、第一版のみの「本質論」と「概念論」が残ることに

表1 『大論理学』各巻の出版年

存在論	1812年（第1版）、1832年（第2版）
本質論	1813年〔第2版は存在しない〕
概念論	1816年〔第2版は存在しない〕

なった（表1）。

なお、「存在論」の第一版と第二版で内容がどれほど改訂されているかということが気になる読者も多いだろう。しかし、これについてはまだ研究の途上にあり、研究者の間でもコンセンサスが存在しない。私は現在のところ、細かな議論の提示の仕方については大きく変更されている箇所もあるものの、ヘーゲルが『大論理学』の全体を通して述べようとした主張そのものは変わっていないと見ている。

さて、その後の『大論理学』の受容史によって、『大論理学』の成り立ちは余計に複雑になる。ヘーゲルの死後ほどなくして出版された全集で、「存在論」については第二版のみが採録されたからだ。その後のドイツ語版全集でもこの構成がしばらくは踏襲された。したがって、「存在論」第二版に「本質論」と「概念論」の第一版をつなげたものが『大論理学』として読まれてきたのだ。

しかし、最も新しいドイツ語版全集では、これとは異なる構成がとられている。この全集ではヘーゲルの著作が公刊年順に並べられており、全集第一一巻に「存在論」と「本質論」の初版が、そして第一二巻に

表2 『大論理学』ドイツ語版の比較

ズーアカンプ版	第5巻	「存在論」第2版
	第6巻	「本質論」と「概念論」
新全集版	第11巻	「存在論」第1版と「本質論」
	第12巻	「概念論」
	第21巻	「存在論」第2版

「概念論」の初版が収められた。「存在論」第二版は、これらと離れて第二一巻に収められている。したがってこの全集で素直に読めば、全て初版の「存在論」「本質論」「概念論」が完結した『大論理学』であり、「存在論」の第二版はそれとは別のものと見えることになる。新全集版の公刊直前までよく参照されていたズーアカンプ版と比較して表2にまとめておこう。

日本における『大論理学』の出版状況も、これを反映して複雑である。『大論理学』の邦訳は四種類存在するが、それらのうち岩波書店刊の全集に収められた『大論理学』(武市健人訳)と、作品社刊の『論理の学』(山口祐弘訳)は、「存在論」の底本に第二版を用いている。一方、以文社刊の『大論理学』(寺沢恒信訳)は「存在論」の底本に初版を用いる。また、二〇二四年一二月現在も知泉書館から公刊が続いている新たな全集は、最新のドイツ語版全集をもとにしており、第一〇巻の一として初版の「存在論」が、二として「本質論」、三として「概念論」がそれぞれ『論理学』のタイトルのもとに採録されている(久

表3 『大論理学』「存在論」邦訳の比較

訳者	タイトル	出版社	底本の版
武市健人	大論理学　上巻の1、上巻の2	岩波書店	第2版
寺沢恒信	大論理学　1	以文社	第1版
山口祐弘	論理の学　第1巻　存在論	作品社	第2版
久保陽一（責任編集）	論理学　客観的論理学・存在論（第1版　1812）	知泉書館	第1版
佐野之人（責任編集）	論理学（1832）第1巻　存在論（第2版）（予定）	知泉書館	第2版

保陽一責任編集）。今後、第一八巻として「存在論」第二版（佐野之人責任編集）が公刊される予定である（表3）。

細かい文献学的な事情にまで立ち入って説明をしてきたのは、本書の成立をめぐる混乱が日本における『大論理学』の出版事情にまで影響を与えているためだ。詳細は繰り返さないが、複数ある『大論理学』の邦訳には、「存在論」の底本を初版とするか第二版とするかで異なるものがある。また、そうなったのには複雑な事情があり、どちらを採用しているかによって一概に優劣をつけることもできない。これから『大論理学』に挑戦しようという読者の皆さんには、ぜひともこのことを覚えておいてほしい。

『大論理学』というタイトルについて

『大論理学』というタイトルについても述べておこう。

自ら『大論理学』というタイトルを付けるなんて、ヘーゲルはさぞこの著作に思い入れがあったのだろう、と思われてしまうかもしれないが、実はそうではない。『大論理学』というタイトルは、ヘーゲルが自分で付けたものではないからだ。これもまた細かい話になってしまうが、日本語でヘーゲル論理学を読もうとしたときに混乱しないためにはどうしても必要な情報であるので、ここで説明しておきたい。

ヘーゲルがこの書物に付けたタイトルは「論理の学（独：Wissenschaft der Logik; 英：Science of Logic）」である。ではなぜ「大論理学」と呼ばれているのか。それは、ヘーゲルの著作に、もう一つ「論理学」と呼ばれるものがあるからだ。二つを区別するために、長い方が「大論理学」、短い方が「小論理学」と呼び習わされてきた。

ただし、二つの「論理学」の呼び分けに関しては、「小論理学」の方にもややこしい事情がある。実は最新版のヘーゲル全集には、「小論理学」というタイトルは見当たらないのだ。なぜなら、「小論理学」と呼ばれているのは、『エンチュクロペディー』という大きな本の一部だからだ。『エンチュクロペディー』は日本語に直せば「百科事典」ないし「学問集成」となるが、長い序論部と「論理学」「自然哲学」「精神哲学」の三部から構成されている。これらは「序論＋論理学」「自然哲学」「精神哲学」の三つに分けて出版されることが多かった。この三分冊で出版される場合には、「序論＋論理学」にしばしば『小論理学』というタイトルが付けられている。

『エンチュクロペディー』についてはさらに複雑な文献学的な事情があるが、それを論じることは本書の目指すところではない。ここでは本書を手がかりにヘーゲルの原典に進みたい読者にとって、最も注意すべきことだけを記しておこう。それは、私が『大論理学』と呼んでいる書物が、日本ではさまざまなタイトルで出版されているということだ。岩波書店刊の全集（武市訳）と、以文社刊の寺沢訳では『大論理学』、作品社刊の山口訳では『論理の学』、知泉書館刊の新たな全集では『論理学』というタイトルになっている。すでに述べたように「存在論」の底本には違いがあるが、それを除けばこれらは全て同じ書物である。本書では最も混乱が少ないと思われる『大論理学』の呼び名を採用する。

『小論理学』の方も本邦でも何度も訳出されている。『大論理学』との関係で紛らわしいものにだけ言及すると、作品社刊の『論理学』（長谷川宏訳）は『小論理学』の邦訳であり、『大論理学』ではない。そのほか『小論理学』というタイトルや『エンチュクロペディー』というタイトルでも複数の邦訳が出ている。それらの詳細については本書では割愛する。

文献学的な注意書きが長くなってしまったが、次節からはいよいよ『大論理学』の中身を論じることにしたい。それにあたっての方針は、『精神現象学』の場合と同様、ヘーゲル哲学の流動性に着目することで、読者の皆さんがヘーゲルを自力で読むための「取っかかり」を提示することである。その目的に照らしても、また紙幅の制約からいっても、『大論理学』の全体を解説することは得策ではない。したがってここでも、ヘーゲル哲学が持つ流動性という特徴を理解するのに最もふさわしい箇所をピックアップしながら解説を加えていきたい。

ただし、『精神現象学』と扱い方を変えている点が一つある。『精神現象学』はさまざまなトピックがめまぐるしく交代しながら論じられる書物であるため、本書では認識や科学に関する理論哲学的な議論と、行為や道徳に関する実践哲学的な議論を二つの章に分けて扱った。これに対して『大論理学』では、「存在論」「本質論」「概念論」の展開に沿って、ある程度まとまったトピックが扱われている。このため本書でもヘーゲルの構成にしたがって、この第四章では「存在論」を扱い、続く第五章では「本質論」、第六章では「概念論」を扱うことにする。

二　論理学の始め方

存在と無は同じもの?

以下、本章では『大論理学』第一部の「存在論」での議論を読むことを通じて、ヘーゲル哲学が持つ流動性を取り出すことを目指す。まずは、「存在論」のはじめに置かれる、「存在」と

「無」をめぐる議論を扱いたい。この箇所を取り上げる理由は二つある。

第一に、この箇所での議論の中に流動性を重視するヘーゲルの姿勢が凝縮されているからである。ヘーゲルはこの箇所で、存在と無は実は同じものだと述べ、両者の間には生成という関係のみがあるのだ、という議論を展開する。にわかには理解しがたい議論だが、ヘーゲルがここで存在と無の間の区別を取り払い、流動的な「生成」に注目しようとしていることは、表面的に言葉をたどるだけでもわかる。哲学史に目を向ければ、古代ギリシャにおいて存在と無が混じり合わないことを強調したパルメニデスと、万物は流転すると述べたヘラクレイトスの対立の残響を聞き取ることも可能だろう。この観点から見れば、ヘーゲルはもちろん、ヘラクレイトスに与《くみ》するということになる。

この箇所を取り上げる二つ目の理由は、直接性への批判が際立った仕方で提示されているからである。第二章で『精神現象学』本論の冒頭にあたる「感覚的確信」を取り上げたときのことを思い出してほしい。「感覚的確信」は、直接的なものから哲学を始めようとする立場であり、ヘーゲルはこれを批判的に検討することを通じて、直接的なものから始めようとする態度そのものを批判しようとしているのだった。『大論理学』の冒頭の存在と無についての議論にも、これと似たところがある。ヘーゲルはここで、直接的なものから哲学を始めようとする態度について検討を加える。ただしここでのヘーゲルの議論は、『精神現象学』のときよりも複雑になり、媒介と直接の間の区別を取り払うことを目指したものとなっている。

前置きはこれくらいにして、実際のヘーゲルのテクストを見てみよう。ヘーゲルはまず、何の規定も持たない「純粋存在」について論じる。

> 存在、純粋存在、——それ以上の何らの規定も持たない存在。この何の規定もない直接性において、存在は自己自身とのみ等しく、また、他者に対して等しくないということもない。それは自分の内側にも、また外に向かっても、いかなる違いも持たないのである。
>
> （GW11, 43: 10-1, 六七）

ヘーゲルはここで、「ただ純粋に存在する」とはどういうことか、という問いに答えようとしている。ただ純粋に「ある」ということは、「何かがある」こととは異なり、「何の規定も持たない」。「規定」という言葉は耳慣れないものかもしれないが、「定まったあり方」というくらいの意味である。したがってここでは、純粋な存在においては、「どんなふうにある」とか「他のものとどう違う」といったことは余計なことだ、と論じられていることになる。こうして、内側にも外側にも違いのない、のっぺりした「存在」だけがある状態をヘーゲルは考えようとしている。

続けてヘーゲルは、そのような純粋な存在は「無」と同じなのだと言う。

存在は、純粋な無規定性であり、かつ空虚である。〔…〕存在、すなわち規定をもたない直接的なものは、実際には無であって、無を超えるものでもなければ、無を下回るものでもない。（GW11, 44: 10-1, 六七）

純粋な存在は、内側にも外側にも何の違いも持たず、したがって定まった形態や性質を全く持たない。ヘーゲルはこのことを捉えて、これは結局のところ空虚であり、したがって「無」なのだと言う。「何かが存在するのではなく、ただ存在する」ということと、「全く何もない」ということは、ヘーゲルによれば同じことなのである。

実は、この議論はあまり評判が良くない。なぜだろうか。ヘーゲルの議論はあまりにも抽象的なので、比喩を用いて考えてみよう。目の前に、真っ白なキャンバスがある。そこに真っ黒の絵の具を塗っていく。全体を黒く塗りつぶせば、真っ黒なキャンバスができ上がる。最初の白いキャンバスにも、でき上がった黒いキャンバスにも、何も描かれていない。この点で、白いキャンバスも黒いキャンバスも変わらない。ここではこのようなことがイメージされているように思える。

しかし、もしそう言えるなら、ヘーゲルはおかしなことを述べていることになる。白いキャンバスと、真っ黒に塗りつぶしたキャンバスは、何も描かれていないという点ではたしかに同じだ。しかし、白と黒は全く違う。なぜなら、あまりにも当たり前のことだが、白と黒では色が違うからだ。そうだとすると、「ある」と「ない」が同じだというのも不合理なのではないか。「ある」と「ない」が同じであるはずはないのではないか。

なぜこうなってしまったのか。白いキャンバスと黒いキャンバスは、たしかに「何の形態も描かれていない」という点では同じである。しかしこのことから、白いキャンバスと黒いキャンバスは全く同じものだ、と結論づけるのはおかしい。それは、犬と猫が「四本足である」という点で同じだからといって、犬と猫が全く同じだと結論できないのと同じだ。同様に、存在と無は、たしかに「何の規定も持たない」という点では同じであるかもしれない。しかし、その点が同じだからといって、存在と無が全く同じであることにはならない。ヘーゲルはここで、このような初歩的な推論の誤りを犯しているのではないだろうか。

「生成」への道

こうした批判は、ヘーゲルがここで本当に論じたかったことを捉え損ねている。ヘーゲルが本当に論じたかったこと、それは「存在と無が一つであること」としての「生成」のあり方である。

純粋な存在と純粋な無は、同じものである。何が真理なのかというと、それは存在でも無でもない。むしろ真理であるのは、存在が無へと、無が存在へと、――移行するのではなく――移行してしまっているということである。しかしまたそれと同じく、真理は存在と無が区別されていないということではない。むしろ、それらが絶対的に区別されており、しかし同様に直接的に、その各々がその反対のもののうちで消えてしまっている、ということなのである。それゆえ存在と無の真理は、この、一方が他方のうちで直接的に消えてしまうという運動である。それは生成である。生成とは運動であり、その運動のうちで両者は区別されているが、しかし同様に直接的に自己を廃棄する区別によって両者は区別されているのである。

（GW11, 44; 10-1, 六九）

存在と無が同じだ、と言われると、「それは結局存在なのか、無なのか？」と聞きたくなってしまうかもしれない。しかしヘーゲルが言いたかったのは、そういうことではない。存在も無もいわばどうでもよく、むしろ両者が「移行してしまっていること」こそが重要である。両者は、存在かと思えば無であり、無かと思えば存在である、という仕方で、「絶対的に区別されて」いながら、同時に「反対のもののうちで消えてしまっている」ようなものである。

このようなあり方をヘーゲルは「生成」と呼ぶ。「生成」とは、和語に開いていえば「なること」である。「ある」でも「ない」でもなく、「なる」こそが真理だとヘーゲルは言う。何かが何かになるとき、両者は同じでありながら違う。しかも、存在が無になり、かつ無が存在になる、というように生成変化が双方向に生じるとき、そこには生成という運動そのものがあると言わなければならない。

ここは重要でありかつ難しいところでもあるので、もう少し敷衍《ふえん》しておこう。例えば、子どもが大人になるとき。子どもの私と大人の私は同じ人間である。しかし、一方は子どもであり、他方は大人だ。両者は同じでありながら違うものである。

しかしこれは、存在と無の真理としての生成、「ある」と「ない」の真理としての「なる」を捉えるための比喩としては不十分だ。大人が再び子どもになることはないからだ。存在と無は単に一方が他方になるのではなく、双方向へと生成する。

そこで、双方向に変化する例として、変身するヒーローのことを考えてみよう。『アイアンマン』の主人公であるトニー・スタークがアイアンマンに（あるいはクラーク・ケントがスーパーマンに）なるとき、両者は区別されていながら同一人物である。それだけではない。ひとたび変身する力を手に入れたあとでは、トニー・スタークはアイアンマンが人間として暮らすときの姿であり、アイアンマンはトニー・スタークがスーパーヒーローとして戦うときの姿である。ヘーゲル風にいえば、トニー・スタークはアイアンマンのうちで消えてしまうようなものとしてあり、逆にアイアンマンはトニー・スタークのうちで消えてしまうようなものとしてある。トニー・スタークとアイアンマンのいずれかが仮の姿であるわけではない。互いに「なる」ことこそがその真理である。

私の考えでは、存在と無の関係は、白と黒のキャンバスの関係よりも、トニー・スタークとアイアンマンの関係によってより適切に理解されうる。これはすなわち、存在と無がいずれも無規定であるということよりも、両者の間に区別があり、かつその区別が消失すること、それゆえ「生成」としてのみ正しく理解されるということの方がより重要だということだ。

そうはいっても、生成として理解されることだけでなく、無規定であることも重要だ（そうでなければ、ヘーゲル論理学は存在ではなくトニー・スタークから始めることもできることになってしまうだろう）。ヘーゲルが「存在論」を「存在と無」についての議論から始めているのは、規定を持たないことと、生成として理解されることの二つの点の両方を満たす地点から論理学を始める必要があったからだ。

学は何から始められなければならないか

『大論理学』の本論は「存在」から始まると述べた。しかし実際には「存在」と題された文章に先立つ箇所に、ヘーゲルは「学は何から始められなければならないか？」と題された、序論とも本論ともつかない文章を置いている。なぜヘーゲルが、「存在と無」から論理学を説き起こしているのかを考えるためには、この箇所での議論を視野に入れる必要がある。

そこで論じられるのは、タイトルのとおり、哲学的な議論の始まりをどこに置くべきか、という問題だ。ヘーゲルは、哲学の始まりはどんな内容をも含まないはずだと指摘する。なぜなら、哲学は前提を持たない「絶対的な学」だからだ。

> 絶対的な学の始まりは、それ自身絶対的な始まりであるにちがいない。その始まりは何も前提としてはならない。
> （GW11, 33: 10-1, 五二）

絶対的な学であるからには、ほかの学問を参照せずに始められなければならない。したがって、何の前提も持たないのでなければならない。

ここで、哲学や論理学がヘーゲルの言う「絶対的な学」であるかどうかについては、疑問が呈されうるかもしれない。例えば物理学などの自然科学こそが絶対的な学であり、哲学はそれを前提として持つのではないか、と。しかしそのことはここでは問題にならない。なぜなら、「絶対的な学」とは、およそ学問的な探究と呼ばれうるものの全体だと考えられるからだ。現代的な意味での学問諸分野の関係の中で、哲学や論理学がどこに位置づけられるかということは、ここでは問題ではない。むしろここでヘーゲルが問題にしているのは、そうした諸分野に分かれる学問というものが結局はどこかから始められなければならない、ということそのものだ。

それでは、何も前提としない始まりとはどのようなものだろうか。ヘーゲルによればそれは「直接的なもの」である。

> 始まりは、全くの直接的なもの、あるいはむしろ、直接的なものそのものであるにちがいない。その始まりが他のものに対して規定を持つことはありえない。同じくその始まりはまた、自らのうちにもいかなる規定をも、いかなる内容をも含まない。なぜなら、そういったものは同じく異なるものの相互に対する区別や関係であり、ということは媒介だということになるからである。始まりはそれゆえ、純粋な存在である。（GW11, 33; 10-1, 五一）

ヘーゲルはここで、前提を持たないということを「直接」と「媒介」の対で整理している。何かを前提とするということは、すなわち何かに媒介されているということだ。媒介されているとは、何かを通ってそこまでたどり着いた、ということだからである。そうしていっさいの媒介を排することは結局、ほかのものとの関係や、それ自身の内容を全てなくす、ということを意味する。ここから私たちがすでに見た「純粋な存在」が始まりであるということが導かれる。

ここで述べられているのは、白いキャンバスのイメージで捉えられる純粋存在である。何物をも前提としないのならば、何も書き込まれていないのでなければならない。また、他の何物とも関係していないのでなければならない。その意味で、何も含まない存在、「何かがある」とも、「どのようにある」とも言えない、ただ「ある」とのみ言える純粋存在が、始まりとして選び出される。

本当に直接的なものから始められるのか?

ここで少し立ち止まってみよう。いまのところヘーゲルは、直接的なものから始めるべきだと主張している。しかし本当にそんなことが可能だろうか。特に本書を順番に読んでここにたどり着いた読者には、この議論に大いに違和感を持ってほしい。なぜなら第一章から第三章まで私は、ヘーゲルが直接的なものから始める態度を批判して、媒介の方を重視すると繰り返し指摘してきたからだ。

もちろん、ヘーゲルはこのことを重々承知している。それゆえヘーゲルはすかさず、哲学の始まりが直接的なものでありうるのかということを論じ始める。

哲学の始まりは、媒介されたものであるか、あるいは直接的なものであるか、そのいずれかであるにちがいない。そして、その始まりがそれらのいずれでもないということは、容易に示される。こうしていずれを始まりとするやり方も、反論にぶつかることになる。

（GW11, 34: 10-1, 五一）

ここで再び、「直接」と「媒介」が問題になる。哲学を語り、それを書物として書き残そうとすれば、どうしても何か特定のトピックから説き起こさなければならない。その説き起こされる箇所でなされる議論、すなわち哲学の始まりは、直接的なものだろうか。それとも、媒介されたものだろうか。

媒介されたものから始めることの問題点の方が理解しやすいだろう。ヘーゲルの言い回しを離れて敷衍すれば、媒介とは、直接的だとされたものを、全体の中の一つの契機として捉え直すことだからだ。媒介に先立ち、何らかの無媒介なもの、つまり直接的なものが置かれなければ、捉え「直す」ことはできない。いきなり捉え「直す」ことから始めることは不可能なのである。先ほど述べた論点を繰り返せば、およそ学問的な探究というものは、どうしてもどこかから始められなければならない。だからこそヘーゲルも、すでに見た箇所では、直接的なものが始まりであるとしていたのではなかったか。

しかし、直接的なものから始めることにも困難が伴う。直接的なものから始めるとは、皆が異論なく受け入れられる、否定しようのない正しい前提から始めるということだろう。ヘーゲルがこの考え方を拒絶するということを、本書ではすでに『精神現象学』を通じて見てきた。第一章では、ヘーゲルが媒介を重視することを指摘した。また、ヘーゲルが直接的なものを、全体の中に置かれて初めて意味を持つような部分としての「契機」として捉え直そうとしていることを見た。第二章では感覚的確信という、目の前のものの正しさから始める立場と、悟性という、一般法則の正しさから始める立場をヘーゲルが批判していることを指摘した。第三章では、道徳的な正しさから始める立場にヘーゲルが疑義を呈していると論じた。いわば直接的なものから始めるという発想を、ヘーゲルはすでに自ら散々批判し、それが不可能であることを立証してきたのである。こうしてヘーゲルは最初からいきなり、大きな困難にぶつかる。

根拠はあとからやってくる

この困難を切り抜けるために、ヘーゲルは発想を逆転させて、「哲学においては前進はむしろ背進でありかつ根拠づけである」(GW11, 34; 10-1, 五三)という考えに訴える。

> 前進とは根拠への背進であり、根源的なものへの背進である。その根源的なものに、始まりとされたものは依存している。このことが本質的な考察として認められなければならない。
> (GW11, 34; 10-1, 五二)

この考えによれば、議論が前進することは、むしろ根拠へと遡ることである。この考えは、皆が正しいと認める前提から始める、という考えに対立する。むしろ一見すると根拠を持たず、それに続く議論を基礎づけるとは思えないようなものから哲学は始まる。そして、根拠はそれに続く議論によって与えられる。このような逆転の発想が議論の切り札となる(なお、ドイツ語では「根拠」「理由」「基礎」は全て同じ「グルント Grund」という言葉で表される。詳しくは本書二〇七頁を参照)。

しかし、前進が背進であり基礎づけであるとはどういうことだろうか。私は数学的な公理系として哲学の理論を構築することへのヘーゲルの批判に、これを理解するためのヒントがあると考えている。ヘーゲルは『大論理学』の序論で、この立場を一七世紀オランダの哲学者であり、数学的な証明のような体裁をとって書かれた哲学書『エチカ』の著者であるスピノザと、同様に数学的証明の形式に従いながら体系的な哲学書を著し、ヘーゲルやカントが登場する前のドイツで強い影響力を持ったヴォルフらに帰属させつつ、次のように述べる。

スピノザやヴォルフらは、この方法〔数学で用いられる、定義と分類から始める方法〕を哲学にも応用して、概念を欠いた量の外面的な進行を、概念の進行とするという誘惑に従った。そうしたものは、それ自体で明白な矛盾である。（GW11, 24: 10-1, 三五〜三六）

ここで批判されるのは、定義や公理から始めて理論を作っていく手法である。スピノザの主著『エチカ』は（スピノザがどこまでこの方法に忠実であったかは議論の余地があるにせよ、少なくとも表面的には）数学的な公理系として書かれている。カントが登場する以前のドイツで大きな影響力を持ったヴォルフもまた、あらゆることについてこの方法で叙述しようとした。スピノザやヴォルフほどでなくても、哲学をなるべく公理系に近づけたい、可能な限り演繹《えんえき》的に正当化したい、という欲求は、少なからぬ人が抱くものであろう。しかしヘーゲルはこれを、矛盾だと切って捨てている。ヘーゲルによればそれは、「概念を欠い」ている。すなわち、このやり方は、哲学で扱われるべき概念にふさわしいものではないのだ。

スピノザやヴォルフに帰属させられる数学的な公理系としての哲学は、前進がすなわち背進でもあるようなヘーゲル哲学の対極にある。なぜなら数学の証明においては、根拠が最初に置かれるからだ。数学においては、新たな前提や定義されていない概念を勝手に持ち込まないということが決定的に重要である。それまでに定義されたことを根拠に一つ一つ論証を積み上げていくことこそが数学の醍醐味《だいごみ》でもある。しかし、ヘーゲルの考える哲学、すなわち、前進がとりもなおさず背進であり、かつ根拠づけであるような哲学は、これとは全く異なるものなのだ。*2

私はここにも、ヘーゲル哲学の流動性を見たい。哲学はその本性からして、数学のような確固たる基礎から始めることはできない。そうではなくて、常にあとから正当化されなければならないようなものとしてしか、哲学は語られることができないのである。何が前提で何が導出されるか、ということを、単純に言うことはできないのだ。これは現代的に言えば、ヘーゲルは正当化に関して全体論的な立場を採用しているということになるだろう。全体論においては、全ての命題が互いを正当化し合う関係にある。他の命題によって基礎づけられることなく他を基礎づけるという特権を持つ命題は存在しないのである。

存在と無の統一

前進がむしろ背進であるような哲学、流動的・全体論的な哲学の始まりに最もふさわしいのが、同時に無でもあるような純粋存在だ。このようにヘーゲルは考えた。ここで確認しておくと、存在はすなわち無と区別されつつ同一であり、それゆえに生成として把握されるのだった。「学は何から始められなければならないか?」の箇所でも、類似した表現が現れる。

それ〔始まりとしての存在〕はまだ何物でもない無であり、かつ、それは何かへと生成するはずのものである。始まりは純粋な無ではなく、そこから何かが出現するはずの無である。同時にそのうちにはすでに存在が含まれている。したがって、始まりは存在と無の両方を含んでいる。それは存在と無の統一である。言い換えると、同時に存在であるような非存在であり、同時に非存在であるような存在である。（GW11, 36; 10-1, 五六）

ここにはすでに、存在と無、そして生成の三者が出揃《でそろ》っている。学の始まりは存在と無の統一であり、それはそこから何かが生成するようなものだとされる。さらにヘーゲルは次のようにも述べる。

始まりについての分析から、存在と無の統一という概念が得られるだろう。より深く考察された形で言い換えれば、それは区別されていることと区別されていないこととの統一という概念である。あるいは、同一性と非同一性との同一性という概念である。

（GW11, 37; 10-1, 五七）

存在と無が統一され、一つになっているということは、区別されていることと区別されていないことが統一され、一つになっているということである。さらに言い換えると、同じであることと同じでないことが統一され、一つになっていることである。「同一性と非同一性との同一性」はヘーゲル哲学の特徴を表す言葉として、しかもとりわけパラドクシカルなフレーズとしてしばしば言及されるが、これが意味するのは、同じでありかつ同じでないようなものについて考えなければならない、ということなのである。

同じでありかつ同じでないということ、区別されかつ区別されないということがどのようなことなのかについては、すでにヒーローの例を挙げて論じてきた。アイアンマンとトニー・スタークは同一人物でもあるが、しかし異なってもいる。存在と無も同様だ。ただ純粋に「ある」ということと、何もないこととは同じでもあるが、しかし異なってもいる。常に互いは互いへと生成しつつあるのであり、そこには同じであることと同じでないことの間の揺らぎがある。

ただしヘーゲルは、「分析」という語の意味からして、この「始まりについての分析」は多くのことを前提しすぎている、ともすかさず指摘している。本来の始まりは、「単純で中身を持たない直接性である点で、分析不可能なもの」だからだ（GW11, 38; 10-1, 五八）。だからこそ、すでに論じたように、変身ヒーローではなく純粋存在から始めなければならないということにもなると言えよう。

ヘーゲルは、この揺らぎつつ生成するものとしての存在と無が、直接的でありかつ媒介されてもいるようなものとして学の始まりにふさわしいと考えた。ヘーゲルが考える流動的かつ全体論的な哲学体系においては、直接と媒介も、同じでありかつ同じでないようなものとしてあるからだ。

ここでの議論が必ずしも論理的に妥当なものとは言えないことには注意しておこう。同じでありかつ同じでないような揺らぎのイメージをもとに、ある種のアナロジーによって議論が進んでいると考えるべきである。このことをもってヘーゲルを論難する道や、あるいはこれをヘーゲルの議論の欠陥と見なして改良を試みる道もありうるだろう。

しかし、ヘーゲル哲学を読むための「取っかかり」をつかむという私たちの目的は、これまで見てきたことで十分果たされたと言ってよい。揺らぎのイメージは、そこから何かが生成してくるというイメージへとつながり、この意味で学の始まりにふさわしい。同時にこのイメージは、数学的な、カッチリした公理系としての哲学を組み立てようというスピノザやヴォルフの目論見へのアンチテーゼにもなっている。こうしてヘーゲルにおいては、学の始まりにも揺らぎという意味での流動性がある。また、哲学体系全体もカッチリした建築物のようなイメージよりも、むしろ流動的な有機体のようなイメージで捉えられるのである。したがって、『大論理学』が存在と無、および生成から論じられることは、ヘーゲル哲学の流動性を象徴していると言える。

三　「ある」とはどういうことか

純粋存在と現存在

前節では、純粋存在についてのヘーゲルの議論を見た。そこでヘーゲルは、「何かがある」とは異なる、ただ、「ある」ということそのものについて語っていた。これは大変抽象的で、見ようによっては捉えどころのない議論でもあったかもしれない。何ら定まったところのない、のっぺりとした「存在そのもの」をぼんやりとイメージしながら読むほかない箇所であった。

しかしヘーゲルはそうした純粋存在についてしか語っていないわけではない。続く「現存在」の箇所では、「ただある」ことを超えて、「何かがある」とはどういうことかが論じられる。このことは、文字どおり「現存在」というタイトルを持つ箇所の冒頭で、「現存在は規定された存在である」(GW11, 59: 10-1. 九四)という仕方でいわば宣言される(なお、邦訳の全集版では「定在」というタイトルになっている。この訳語を用いない理由については、拙著『ヘーゲル哲学に学ぶ 考え抜く力』(光文社新書)一一九頁の注一三を参照)。現存在とは、我々を取り巻いて存在する具体的な諸物のことである。純粋存在が規定を持たなかったのに対して、通常「存在する」と言われるものは、何らかの具体的な規定を持っている。ヘーゲルの「現存在」論では、「何かが規定を伴って現に存在する」とはどういうことか、という問題が突き詰めて論じられる。

現存在論においてもヘーゲルは、「存在と無の統一」という言い回しを引き続いて使用している。この言い回しに着目することから始めて、ヘーゲルの主張を解きほぐしていこう。

ヘーゲルが現存在を「存在と無の統一」として論じるのは、同じ表現を用いることで、純粋存在論と現存在論の接続を演出したい、という意図があるためだろう。しかし、純粋存在論における「存在と無の統一」、すなわち生成と消滅と、これから論じる現存在論における「存在と無の統一」の内実は全く異なっている。それゆえ私はここに両者の接続があるとするヘーゲルの議論は、言葉の上でのつながりというレトリックに訴えて、ことがらの間のロジカルなつながりを主張するという、あまり筋のよくないものであると考えている。

それなのに私がこの表現に着目するのはなぜか。それは、ヘーゲルの意図とは裏腹に、この同じ表現にヘーゲルが込めた意味の違いを見ることで、純粋存在論と現存在論を対比して、現存在論の特徴をより明確に理解できると考えるからだ。ヘーゲルが同じ表現に両者のつながりを見たのとは対照的に、私はこの同じ表現に両者の断絶を見るということだ。逆説的ではあるが、これによってヘーゲルの議論の内実をより明確にすることができるはずである。

なお、「現存在」という言葉は日本語では耳慣れないものかもしれない。日本語での「現存在」という言葉の用例で最も多いのはおそらく、二〇世紀ドイツの哲学者、マルティン・ハイデガーによる「自己の存在を了解する存在者としての人間」を指す用法であろう。辞書を引いてもこの意味が紹介されているはずだ。しかしこう訳されるドイツ語の「ダーザイン Dasein」という言葉は「そこ」という意味の「da」に英語の be 動詞にあたる「sein」をくっつけて作られる表現であり、哲学用語としてだけではなく、ものが現実に存在することを指す言葉として日常的に用いられる言葉だ。例えば「私はそこにいました」と言うとき、英語なら「I was there.（アイ・ワズ・ゼア）」となるところだが、ドイツ語では「Ich war da.（イッヒ・ヴァール・

ダー)」となる。Ichが私、warはseinの一人称単数過去形である。これを人間に限定して用いるのはハイデガーの特殊な用法であり、ほかの多くの哲学者の用法では、現存在という言葉は、私たちを取り巻いて存在するほとんどのものを指す。例えばカントにおいてもそうだ。したがって現存在について論じるということは、「何かが普通にそのへんに存在している」という事態について論じることにほかならない。それゆえヘーゲル論理学の文脈では、「ただある」に対して「何かがある」を論じる箇所が現存在論だと解するべきである。

現存在における「存在と無の統一」

ヘーゲルは、現存在についても存在と無の統一が見出されるのだと言う。しかしこれは、「ただある」は「何もない」と等しく、したがって両者は統一されて生成や消滅として理解される、という純粋存在論における「存在と無」の統一とは異なる。これはすでに予告したとおりだ。それでは、現存在における「存在と無の統一」とは一体何なのであろうか。

それは一言で言えば、「何かである」ことと、「何かでない」こととの統一である。例えば「赤い」ということは、青くない、白くない、黒くないということと切り離せない。同様に、「人間である」ということは、犬ではない、爬虫類《はちゅうるい》ではない、無機物ではないといったことと切り離せない。一般に、私たちを取り巻く何らかの現存在は常に何らかのXとして存在する。

そしてそのことは、非Xではない、ということと切り離せない。

ヘーゲルの言葉で言えば、現存在は「自体存在」であり、かつ「他在でない存在」である。まとまった形で引用してみよう。

> 現存在における存在は、自体存在である。なぜなら、存在は自己関係であり、自己同等性であるのだから。しかしそうした自己関係は、今ではもはや直接的ではなく、むしろ、（反省した現存在としての）非現存在の非存在としてのみ、自己関係である。——同様に、存在と非存在のこうした統一においては、非存在は現存在の契機であって、そうした非存在は一般的な非現存在ではなく、直接的な他者である。より踏み込んだ規定をするならば、それは非現存在への関係である。あるいはそれは、他者に対する存在である。
> （GW11, 62; 10-1, 一〇〇～一〇一）

ここでは、「現存在における存在」すなわち、存在とは言っても「無規定にただある」こととしての純粋存在ではなく、日常的な意味で何かがあることとしての存在が問題である。そうした存在は、まずは「自体存在（Ansichsein; アンズィッヒザイン）」だと見なされる。「自体」と訳した「アンズィッヒ ansich」は、「ぴったりくっついている」という意味の前置詞「アン

an」と、「自己」という意味の「ズィッヒ sich」が結びついた言葉で、「自分自身にぴったりくっついた、そのもののもともとのあり方」といった意味になる。ここではそのことが、「自己関係」や「自己同等性」という言葉で敷衍されている。そこらに普通にある雑多なものとしての現存在は、自分自身と等しいものとして自らに関わっている。例えば、あまりにも当たり前のことだが、机は机であり、椅子は椅子である。

しかしこうした自己関係は実はそれほど単純なものではない。それは、「非現存在の非存在」なのである。「非現存在の非存在」とは、「そこにないものではない」ということだ。「机は机である」ということは、「机は机でないもの、例えば椅子ではない」ということを含んでいるのだ。これは机以外のものからいったん跳ね返った仕方で机を把握しているから、「反省した現存在」とも言われる。*3

ここまでで現存在が自己関係（「机は机である」）と他者への関係（「机は机でないものではない」）の両者によって成り立っているという、最も重要な主張はすでに明らかである。引用の後半ではこのことがより明確に「他者」に言及しながら論じられる。

いま、「存在と非存在のこうした統一」が成り立っていることが確認された。すなわち「机である」と「机でないものではない」が切り離せないものになっているということが明らかになった。このとき、「非存在」すなわち「机でないこと」は、机という現存在の「契機」すなわちその一部となっている。ここでの非存在とは「一般的な非現存在」ではない。すなわち単に「何かでない」という抽象的な事態ではない。むしろ、より具体的に、椅子や鉛筆といった机以外の物、机にとっての「他者」を指し示しつつ、それを否定している。

したがって何かが机であるということは、「それは机である」という自己関係であると同時に、「それは机でないもの、すなわち机の他者ではない」という仕方で、「非現存在への関係」でもある。したがって現存在は、その「他者への関係」であると言われるのだ。

現存在が自己関係であり、かつ同時に他者への関係でもあるということ、これこそが、現存在における存在と無の統一である。現存在においては、「何かである」と「何かでない」が統一される。現存在は何らかのXとしてあり、かつ同時に、非Xではないものとしてある。以前の純粋存在においては「そもそも何かがある」という意味での存在と、その否定としての「全く何もない」という意味での無が統一されたが、目下の現存在においては「何かである」という意味での存在とその否定としての「何かでない」という意味での無が統一された、と言ってもよいだろう。

本書のテーマである流動性という観点から言えば、ここでもヘーゲルは、現存在を静止したもの、安定して存在するものとは見ていないということが重要だ。全く動かない机のような事物のうちにすら、それ以外の事物との関係が組み込まれている。こうしてヘーゲルにおいては、この世界のあらゆるものが、他の事物との緊張関係のうちに存在している。さらに、そうした事物を捉える私たちの思考も常に他の事物とその事物の間を行き来し、流動的になっている。「何かがXとしてある」ということは、「それはXである」ということと「それは非Xではない」ということとの間を揺れ動きながら成立しているのである。

四　「真の無限」を求めて

悪無限と真無限

ここからは、「無限」をめぐるヘーゲルの議論を取り上げたい。無限について論じられる箇所は、本章で扱ってきた『大論理学』「存在論」の山場である。しかもこの箇所でヘーゲルは、無限を変化し続けるプロセスとして捉えるべきだと指摘している。このため、無限論を読むことは、『大論理学』の要所を理解する上でも、ヘーゲル哲学の流動性を理解する上でも重要だ。

ヘーゲルは無限なものを、「悪無限」と、「真無限」に区別する。読んで字のごとく、「悪無限」とは悪い無限であり、ヘーゲルはこれを批判する。そして、真の無限である「真無限」の重要さを説く。「無限」だけでも何やら難しそうなのに、「悪無限」や「真無限」の概念は字面もいかにもいかめしく、それが論じられる箇所でも神秘的な形而上学《けいじじょうがく》が展開されるように思われてしまうかもしれない。しかし、ヘーゲルがここで展開する議論は、どちらかというと、無限を神秘的なものとして捉える態度を戒めるような特徴を持っている。そのことを確かめるためにも、一つずつヘーゲルの議論を追いかけていこう。

なお、ヘーゲルの無限論は、無限なものと有限なものの関係を考える、という仕方で進む。これは悪無限を論じる際にも真無限を論じる際にも共通している。無限と有限の関係に着目することが、ヘーゲルの無限論を理解するための鍵となる。

悪無限とは何か

悪無限の方から考えよう。悪無限は、無限についての誤った捉え方から出てくる。より詳しく言えば、無限なものが有限なものと対立して並び立つかのように考えた場合に、悪無限的なものがあるかのように見られてしまう。ヘーゲルの言葉を引こう。

有限なものは、現に実在する存在として、その否定としての無限なものに対立している。両者は互いへの関係のうちにのみ存する。有限なものはまだ本当には廃棄されておらず、無限なものに対立して存続している。そこから直ちにわかることだが、無限なものも同様に有限なものを本当には自己のうちに廃棄しておらず、それを自己の外に持っている。／無限なものがこのように定立されるなら、それは悪無限的なものであり、あるいは悟性の無限なものである。（GW11, 79; 10-1, 一二九）

ここでヘーゲルは、悪無限を生じさせるような無限の捉え方を論じている。この捉え方においては、有限なものと無限なものがそれぞれ対立しつつ並び立つ。「両者は互いへの関係のうちにのみ存する」とは、無限なものは有限ではないようなものとしてのみ、逆に有限なものは無限ではないようなものとしてのみ存在するということである。

これが悪無限とされるのは、「その無限が有限なものを自己のもとに持っていることによって限界を持ち、それゆえそれ自身有限なものである」からだとされる（GW11, 81; 10-1, 一三二）。かみ砕いてみよう。有限であるとは、文字どおり、限りがあるということだ。限りがあるものは全て、有限なものであるはずだ。ところでいま問題にしている悪無限は、有限なものとの対立によって理解される。したがって、無限と有限の間に境界線を引くことができるはずだ。境界線が引けるということは、その境界線によって無限なものは限定されるということだ。つまり悪無限的なものは限りがあるもの、有限なものだということになってしまう。こうしてヘーゲルによれば、悪無限は実は無限ではなく有限なのである。

ヘーゲルの議論はこのような調子でひたすら抽象的に進んでいくのだが、ヘーゲルの念頭にはキリスト教的な神のイメージがある。[*4] 先ほどの引用を、神のイメージを補って読んでみよう。「現に実在する」有限な人間たる我々に対して、「その否定として」、我々を超越した神が存在する。神をこのようにイメージする限り、人間と神は対立項としていずれも存続する。このイメージのもとでは、神にとっても、有限なものとしての人間はその外にある。このような見方をする限り、神は実は無限ではない。なぜなら無限とは文字どおり限りのないもの、それゆえその外側を持たないものでなければならないからだ。このような神は悪無限的な神、劣悪な神にすぎない。このような劣悪な神は、「悟性」の産物にすぎない。

先の引用の最後に出てくる「悟性」を手がかりに、もう少しイメージを膨らませてみる。悟性とは、物事を論理によって分類・区別する心のはたらきである。本書では第二章で『精神現象学』における悟性論を扱った。そこでは、「悟性」と呼ばれる段階の意識が、「超感覚的なもの」としての自然法則をどう理解しているかということが論じられていた。この『大論理学』における「無限なもの」を、『精神現象学』の「超感覚的なもの」に対応づけてみよう。つまり、有限なものとは感覚される対象であり、無限なものは感覚を超えたものである。それは自然法則であったり、神であったりする。

法則であれ、神であれ、それが感覚的なものの世界の向こう側にあってそれと対立すると考えてしまうのが、「悟性」の特徴だ。しかし法則はこの世界で感覚される現象を説明するはずのものである。したがって、本来は感覚的なものと対立しないはずだ。神も同じである。神は人間と対立するのではなく、むしろ人間を含み込むようなものでなければならないはずだ。

真無限とは何か

悪無限は、有限なものと対立し、それゆえに自らの外部を持つことになった無限であった。ここから考えをめぐらせると、真無限は有限なものと対立しないような無限であるはずだ。しかし、有限なものと対立しない無限とはいかなるものなのだろうか。

ヘーゲルの言葉を確認することから始めよう。ヘーゲルによれば、「無限なものは、有限なものを超えて出ていくこととしてのみ存在する」(GW11, 82; 10-1, 一三三)。これが無限についての真の捉え方、すなわち真無限である。このとき、次のことも成り立つ。

> 有限性は、自己を超えて出ていくこととしてのみ存在する。それゆえ有限性のうちには、無限性すなわち有限性自身の他者が含まれている。(GW11, 82; 10-1, 一三三)

真無限においては、無限が有限を超え出るのと同様に、有限の方も有限自身を超え出ていく。

これはつまり、有限の中に無限が含まれているということだ。ポイントは、悪無限の場合と異なり、ここでは有限と無限が対立的に捉えられてはいないということである。無限は有限の中にあるのであって、有限の外側にあって対立しているわけではないのだ。ヘーゲルもこのことを指摘し、さらにそれは「自己自身に戻ってくること」だと説明を加える。

> 有限と無限の、相互に対立する規定性は消えてしまっている。こうして真の無限性が現れる。真の無限性のうちでは、有限性も、悪い無限性も、いずれも廃棄されている。真無限とは他の存在を超えて出ていくということであり、それは自己自身に戻ってくることである。それは自己自身へと関わることとしての否定である。
> （GW11, 82; 10-1, 一三四）

ここにもはや有限と無限の対立はなく、それゆえ悪無限はない。両者の対立を克服した真無限とは、有限なものが自己を超え出つつ、自分自身に戻ってくることだ。こうヘーゲルは主張する。

真の無限は、有限なものが自己を超え出つつ、自分自身に戻ってくることである。なぜなら真の無限は外部を持たず、それゆえ有限と対立しないはずだから。これがヘーゲルの見解なのだが、そう言われても、わかったようなわからないような感じがどうしても残るのではないだろうか。少なくとも私はそのような感想を禁じえない。どうにかしてより理解しやすくなるよう、イメージを膨らませてみよう。

真無限のイメージ──汎神論と法則

まずはなるべくヘーゲルに忠実に、神のイメージで考えてみよう。神を、人間のような有限なものと対立するものだと考えてはならない。これはつまり、神を人間と別世界に存在するもの、私たち人間や、私たちが生きるこの世界と切り離されたものだと考えてはならない、ということだろう。これはヘーゲルの時代に流行した、スピノザ的な汎神論のイメージと重なり合う。汎神論とは、大雑把に説明すれば、神はまさにこの世界の全てに宿っているという考え方のことだ。そうであるならば、たしかに無限なものとしての神は、有限なものとしての私たちと対立しない。人間と神との関わりは常に、「自己自身に戻ってくること」とも言える。神への日々の祈りの中に、まさに神が存在している。

汎神論のイメージは、「自己自身に戻ってくること」という説明よりは理解しやすい。とはいえ、少なくとも私にとっては、この説明も十分に納得いくものではない。そこで次に、先ほども言及した『精神現象学』の法則のイメージを考えてみよう。法則は、この世界で感覚される現象と対立するものであってはならず、現象を超えた記述でありながらも現象そのものを説明するものでなければならない。これが、有限なものが自己を超え出つつ、自分自身に戻ってくることとしての、真の無限である。

理想としての無限

法則による説明のイメージは、私にとっては、汎神論のイメージより納得しやすい。とはいえ、まだ抽象的であることは否めない。そこでさらに踏み込んで、身近な例を用いた解釈を考えてみよう。それは、無限を「理想」に置き換えてみるという解釈である。この事例を用いることで、ヘーゲルの無限論のポイントがより理解しやすくなる。

理想というと、皆さんはどんなものを思い浮かべるだろうか。例えば人類の理想としての世界平和のようなものを考える方もいるかもしれない。あるいはより個人的な、「理想の自分」のようなものをイメージする方もいるだろう。それぞれについて考えてみよう。

いずれの例でも、現状と理想を硬直的に捉え、両者を対立させてしまうと、それはヘーゲルの言う悪無限的な発想だということになる。これは例えば世界平和を、「人間同士の対立が全くないユートピア」のような仕方でイメージするということだ。そのようなイメージの問題点とは何か。それは、世界平和が現実と地続きのものとは思われなくなるということである。

それでは、真無限的な理想としての世界平和とはどのようなものだろうか。それは、人間同士の対立が絶えない現実を受け容れて、地道な平和構築のプロセスを一歩一歩進めていくことである。歴史認識に関する食い違い、土地や家畜の所有に関する食い違いなど、諍《いさか》いの芽を、対話を通じて一つ一つ解決していくこと。こうした活動を続けていくことこそ、現実と地続きの、それゆえ真無限的な世界平和の理想である。仮に戦争が全てなくなっても、人と人の対立は全てはなくならないのだから、このプロセスは継続されねばならない。

「理想の自分」についてはどうだろうか。悪無限的な「理想の自分」は、現在の自分とは異なる他者を理想化することで生まれる。自分の欠点を全て克服した人物を想像して、自分を卑下してしまうこともあるだろう。あるいは、具体的な他者を偶像化して、理想へと仕立て上げてしまうということもよくある。そうした人物を理想化し、自分には手の届かない存在だと見なして、それに及ばない自分を嘆くとき、対象の人物は悪無限的な理想として見られている。つまり、その人物が、有限なものとしての実際の自分に対立させられているということだ。

これに対して、「理想の自分」についての真無限的な捉え方とはどのようなものだろうか。それは、有限なものが自己を超え出つつ、自分自身に戻ってくることであった。これは、日々努力・研鑽《けんさん》に励むプロセスそのものを指していると考えられるだろう。有限な人間である私たちは、現状を改善しようと努力を続ける。このプロセスにゴールはない。人生には、ここまで到達すれば「あがり」という明確な線は引けない。それでもこのプロセスそのものが、真無限的に捉えられた「理想の自分」だといえる。

二つの無限と流動化

ここで私が「理想」という例を挙げたのは、単に身近だからというだけではない。それだけでなく、これらの例は、無限についてもヘーゲルが流動性を重視した見方をしていると気づかせてくれる。平和の例にしても、「理想の自分」の例にしても、ヘーゲル的な真無限を具体的に理解しようとすると、無限についてのプロセス的な理解が現れる。無限を有限と対立させる悪無限的な見方においては、無限なものは有限な私たちを超越したところに静止するものとして、硬直的に捉えられている。これに対して、真の無限とは、有限なものが不断に自己超出しつつ自分自身であり続ける、という流動的なプロセスにほかならないのである。

悪無限の悪さの根源は、無限なものと有限なものが相互に対立するものとして捉えられていることにあった。両者を対立的に見るならば、無限とは有限ならざるものであり、この意味で無限は限界を持つということになる。このとき無限は有限に堕してしまう。流動性という観点から言えば、このとき有限と無限は相互に対立して交わらず、両者の境界は固定化されて流動性を持たなくなっている。

他方、真無限においては、有限なものが自己を超え出て再び自分自身に戻ってくるというプロセスそのものが無限だと考えられた。このとき、もはや無限と有限は対立的に捉えられてはいない。流動性という観点から見るならば、ここでは有限と無限の区別そのものが揺らいでいる。この意味で真無限は、有限と無限の対立を固定化させず、それを流動化させるプロセスそのものである。

まとめると、悪無限は有限と無限の対立を固定化させ、両者の流動性を殺してしまう。ここに悪無限の悪さがある。これに対して真無限においては、有限と無限の対立は解消され、両者が混じり合う流動的なプロセスのみが存在する。したがってここにも、流動性を重視するヘーゲル哲学の特徴を見出すことができる。

『大論理学』「存在論」における流動性

本章では、ヘーゲル第二の主著『大論理学』の最初のパートである「存在論」から、哲学の始まりについての議論と、現存在についての議論、さらに無限とは何かという議論を取り上げた。哲学の始まりを考えるにあたって、ヘーゲルは確固とした地盤の上に体系を打ち立てようとはせず、その代わりに生成というプロセスを重視していた。現存在について論じる際には、ほかのものとの関係からそのものに戻ってくる、という視点の揺らぎが必要だと指摘された。無限を論じた箇所では、有限なものが自らを超え出るプロセスとして無限を捉えるべきであると主張されていた。

これらを通じて、『精神現象学』のみならず『大論理学』においても、ヘーゲルが流動性を重視していることは明らかだと言ってよいだろう。次章では、「本質論」へと進む。そこでも流動性に注目することがヘーゲルの議論を理解するための鍵になるはずだ。

第五章　本質・根拠・必然性

一　本質とは何か

指折りの難所、本質論

本章では、ヘーゲル哲学の中でも屈指の難所を扱うことになる。それは、『大論理学』「本質論」である。「存在論」では純粋存在から出発して、およそ存在すると見なされるものについて論じられたのだが、この「本質論」ではそうした存在するものの背後に見出される「本質」が話題となる。

ヘーゲルはこの「本質論」を、「存在の真理は本質である」と説き起こしている。どういうことだろうか。このままでは少し難しいので、日常的な言い回しにしてみよう。例えば、「物事の表面ばかりを見ていないで、その奥にある本質を捉えよ」と言われれば、なんとなく意味がわかりそうだ。退屈な説教のような響きは否めないが、こう声をかけられたときに何を言っているのか全く意味がわからない、ということにはならないだろう。

さらに具体的にしてみよう。ある人の本質や、日本という国の本質を問われたときにあなたはどんなことを思い浮かべるだろうか。これを考えてみれば、より具体的なイメージを膨らませやすくなるかもしれない。*1 こうした日常的な場面での「本質」の用法から出発することは、ヘーゲルの本質論を理解するための戦略として有効である。

存在論と本質論

本質論では、存在するものの背後にある本質について語られる。ここでのヘーゲルの議論の特徴を理解するために、前の章で見た「現存在」についてのヘーゲルの議論を振り返り、それと比較してみたい。

現存在論においては、現存在、すなわち日常的に存在する事物について、それが存在するとはどういうことかの説明が試みられていた。そこでは、例えば「何かが机である」ことが「何かが机以外のものではない」ということと不可分であると指摘された。この意味で、ある事物は、他の事物との関係の中に置かれていた。したがって、現存在同士の関係だけが視野に収められていたとも言える。

これに対して本質論においては、事物と他の事物ではなく、事物とその本質の関係が問題になる。いわば、目に見える事物同士の関係ではなく、目に見える事物と目に見えないその本質の関係が扱われるということだ。それゆえ現存在同士の関係を超えたものが視野に入ってくることになる。

現存在の向こうに本質があるという議論は、存在とは実は現れにすぎないのだ、と指摘することから説き起こされる。[*2]

存在は現れである。現れが存在するということは、存在が廃棄されているということ、言い換えると、存在が無であるということにほかならない。この無であるということは、本質において存在を持っている。　（GW11, 246; 10-2, 一二）

難解を極める文章であるが、丁寧に読んでいこう。まずヘーゲルは、「存在は現れである」と指摘する。何か事物が存在するということは、それが現れているということである。ここで「現れ」という言葉には、どこかから出現してくる、というニュアンスが含まれている。

さらに読み進めると、そうして存在を現れだと見なすということは、実は存在が廃棄されているということであり、存在が実は「無」であるということだ、と書かれている。すなわち、私たちが普通に存在すると思っている事物は、実は本当の存在ではないとヘーゲルは主張しているのだ。普通に存在するものの奥には目に見えない本質があり、それが私たちの眼前には日常的な事物の形をとって現れているということだ。だから、存在は無であり、本質こそが存在する。これをヘーゲルは、「無であるということ」としての存在は、「本質において存在を持っている」と表現している。

続けて読んでみよう。次の文章は、先ほどの引用に続く箇所である。

また、それが無であるということの外では、すなわち本質の外では、現れは存在しない。現れは否定的なものとして定立された否定的なものである。（GW11, 246; 10-2, 一二）

目に見えるものは本当は現れであり、その意味で無であって、本質だけが存在する。本質は、眼前の事物について、それは無にすぎないと宣告する。しかし、その本質に支えられることで初めて、現れとしての事物は存在することができる。こうして、私たちの目の前にある現れとしての事物は、本質ではないものという仕方で、すなわち本質にとっての「否定的なもの」という仕方で、本質によって打ち立てられたものである。

まだかなり抽象的なので、具体例を用いて考えてみよう。人は、さまざまな顔を持つ。例えば、仕事はひたすら真面目にこなすが、家族の前ではひょうきんにジョークばかり言っている人を想像することは容易である。この人は「真面目な人」なのか、それとも「ひょうきんな人」なのか、と問うことにはあまり意味がない。それらはいずれも、その人の「現れ」にすぎないからだ。そうした表面的な振る舞いだけでは言い尽くすことのできないものとして、その人の本質が存在する。そして、その否定としてのみ現れは存在する。つまり、その人は本当は単なる真面目な人でも、単なるひょうきんな人でもないのだ。しかし、言葉では言い尽くせないその人の本質がなければ、仕事中にその人が真面目な人であるということも成り立たないだろう。こうした事態をヘーゲルは、「現れは否定的なものとして定立された否定的なものである」と表現するのである。

ここで「定立する」という言葉のニュアンスにも触れておこう。「定立」と訳されているのは、ドイツ語の「ゼッツェン setzen」という動詞である。これはドイツ語では頻繁に用いられる基礎的な動詞で、人を座らせること、物を置くこと、建物を建てること、人を一定の状況下に置くこと、担保を設定すること、ある事態を想定することなど、さまざまな意味で用いられる。したがってこの箇所をドイツ語で読む読者には、現れは本質によって「特定の場所・状況・状態に置かれた」ものであり、あるいは本質によって「構築された」ものであるという豊かなイメージが瞬時に浮かぶはずである。日本語には対応する単語がないため「定立」という不格好な訳語を用いざるをえないのだが、この語がドイツ語では「置くこと」を核にさまざまな意味を表現できる言葉であり、しかも小さな子どもでも日常的に用いる基礎的な語彙に含まれる語である、というイメージを持って読むことで、理解が深まるはずだ。

「現存在は定立された存在にすぎない」

さて、さらに議論が進むと、現存在は実は「定立された存在」であるということが明確に言われるようになる。

> 現存在に対応するのは、本質の領域では、定立された存在である。それは同様に現存在ではあるのだが、しかしその基盤は本質としての、ないしは純粋な否定性としての存在である。〔…〕「現存在は定立された存在にすぎない」、これが現存在についての本質の命題である。
> (GW11, 255-256; 10-2, 四二)

以前に現存在とされたものは、ひとたび本質が視野に入ると、「定立された存在」として捉え直される。それは同様に現存在でもある。したがってその具体例はこれまでと変わらない。それは普通に存在すると考えられているもの、例えば私がいまこの原稿を書いている机である。

しかし、それはもはや、ただそこに現にあるだけのものとしては見られていない。むしろ、「本質」をその基盤として持つようなものとして見られている。比喩的に言えば、本質論においては、日常的な事物の奥にそのものの本質があると考えられることになる。こうして本質を視野に収めた観点から見ると、現存在は本質によって「定立された存在」だということになる。

前述した「定立」という言葉のニュアンスを念頭に置くと、「現存在は定立された存在にすぎない」という「現存在についての本質の命題」は次のことを意味しているといえるだろう。すなわち、我々が通常存在すると考える「現存在」が存在する前に、実はそのものの本質が存在しているのだということ、かつ、現存在はそうした本質によって定立されて、すなわち設置されあるいは仮構されて、それによって初めて存在しているにすぎないのだということである。そのへんにただ転がっているように見える全てのものの奥に、そのものの本質が存在する。少なくとも私たちはそういうふうに世界を見ることができるのである。

二　全ては「反省」する

「無から無への運動」としての反省

ここまでは、本質が現存在を定立する、というヘーゲルの議論を整理してきた。これだけであれば、文字面は難しいものの、ヘーゲルが想定する図式は比較的単純である。すなわち、本当の意味で存在するのは本質だけであり、私たちが目にする現存在は「本質の影」のようなものにすぎない、という図式がそれだ。しかしヘーゲルは話をそう単純には終わらせない。ここから事態は、さらに複雑になる。この箇所こそがヘーゲル哲学の中でも名だたる「難所」である。気合いを入れて読んでいこう。

複雑化する議論を追いかけるために、重要な概念をここで一つ導入しておこう。それは「反省」である。ドイツ語の「レフレクシオーン Reflexion」に対応するこの語は、「反射して他の場所へ向かう」というニュアンスと、「反射して元の場所に戻ってくる」というニュアンスの両方を持って使われる。邦訳では「反省」のほかに「反照」という訳語が用いられることもあるが、本書ではより定着している「反省」の訳語を採用したい。「反省」という言葉のイメージがつかみにくいようなら、英語の「リフレクション」が「反射」と「内省」両方の意味で用いられることを思い出してほしい。

反省は、本質と現存在の間に成り立つ関係である。これまで「本質が現存在を定立する」という言い方をしてきたが、これをヘーゲルは「本質が現存在へと反省する」とも表現する。この言い回しにはどうしても違和感がつきまとうが、「リフレクション」が持つ「反射」のニュアンスから理解するのがよいだろう。光が反射して物にあたると、そのものが照らし出される。それと同様に、本質は現存在を照らし出す、というイメージである。

この反省についてヘーゲルは次のように言う。


本質のうちでの生成、本質の反省する運動は、無から無への運動であり、かつそのことによって自己自身へと帰ってゆく。

（GW11, 250; 10-2, 二九）


反省は無から無への運動であり、それゆえ自己自身と合一する否定である。

（GW11, 250; 10-2, 三一）


私たち読者を煙《けむ》に巻くようなヘーゲルの表現にはちょっとうんざりしてしまうが、このようにしか書かれていないのだから仕方がない。これはいわばヘーゲルから読者にかけられた謎であり、ヘーゲルから私たちへの挑戦状である。正面から受けて立とう。

さて、「無から無への運動」とはどういうことか。これは、反省が何と何の間の関係であったかを考えるとわかる。すなわち反省は、本質と現存在の間の関係であり、本質から現存在へと向かう運動であった。したがって、反省が無から無への運動だと言えるためには、本質と現存在がいずれも実は「無」であると言えるのでなければならない。ヘーゲルは、反省を「無から無への運動」と呼ぶことで、反省とは本質という無から、現存在というもう一つの無への運動だと述べていることになる。

「無から無への運動」が「本質から現存在への運動」だということはわかった。しかし、ヘーゲルからの謎はまだ半分も解けていない。次に問うべきは、なぜヘーゲルは本質と現存在の両方を「無」と呼んでいるのか、ということだ。それは、現存在だけでなく本質も、本当は存在しないものだからである。ここでヘーゲルは、「現存在は本質の影であり、本当に存在するのは本質だけだ」という最初の単純な描像を捨て去っている。もし現存在が本質の影であって、本質だけが本当に存在すると言えるのなら、現存在は無だとしても、本質は無ではないはずだからだ。本質も無であるのなら、現存在が影であるのと同様に、本質も影にすぎないということになる。

ここまでくれば、謎は七割ほど解けたといえる。まだ残っているのは、本質も影にすぎないとはどういうことか、という謎だ。これを解くためには、「自己自身へと帰ってゆく」や「自己自身と合一する否定」という表現が手がかりになる。本質が現存在へと反省することは、実は本質が自分自身へと帰ること、自分自身と一つになることなのだ。これが意味するのは、本質と現存在は本当は同じものだ、ということだろう。本質が現存在へと反省し、言い換えれば現存在を定立することは、実は本質が自分自身へと帰ることである。もともと一つのものなのだとすれば、それを現存在と本質に分けること自体が幻想だったということになる。だからこそ、本質も無であり、反省は「無から無への運動」なのである。

ここまで整理できたところで、具体例に当てはめて考えてみよう。人が私たちに見せる顔、事物が私たちに見せる側面が現存在であった。それらはその人や事物の本当の姿ではないかもしれない。これが現存在が無であるということだ。それでは本質の方はどうだろうか。見方を変えれば、そうした本質こそ幻想にすぎないともいえる。そうしたものについて私たちは触れることも、見ることもできないのだから。現存在の奥にあり、現存在を支えているように見えた本質の方こそ、本当は現存在に支えられて存在しているのだ。

このことが示しているのは、本質と現存在はそもそも互いに独立に存在するものではなく、はじめから一つのものだったということだ。こうして本質と現存在の間の関係としての反省は、一つの事物の内側で、幻想と幻想、無と無の間に生じた動きだったということになる。

話がここまでくると、「反省」という言葉が持つ、「反射して他の場所へ向かう」というニュアンスと、「反射して元の場所に戻ってくる」というニュアンスの両方を重ね合わせることが決定的に重要だということもわかる。本質と現存在が異なるものだという観点に立てば、本質から現存在へと向かう反省は「反射して他の場所へ向かう」ことである。他方で、本質と現存在は実は同じなのだという見地からすれば、本質から現存在へと向かう反省は実は、「反射して元の場所に戻ってくる」ことにほかならない。ヘーゲルの表現と対応させるならば、前者は「定立」という言葉でも表現された事態である。後者は「帰っていく」という言い方や、「還帰」という言葉で表現されることになる。

反省はなぜ必要か

すでに難解な議論に疲れ切っている読者もいるかもしれないが、ここでもう少し踏ん張って、ヘーゲルにさらなる問いを投げかけてみよう。本質と現存在の両方が無であるなら、そもそもその二つを分けたことが間違いだったのではないか。最初からそんなに複雑な捉え方をしなければよかったのではないか。「存在の向こうに本質がある」という考え方そのものを単純に否定すればよかったのではないだろうか。

しかしヘーゲルはそうは考えない。なぜなら次のように考えているからだ（といっても、これもまた謎のような表現なのだが）。

反省は運動であるが、反省とは還帰なのだから、その運動は還帰の中ではじめて動き始めるもの、言い換えると帰っていくものなのである。（GW11, 251: 10-2, 三二）

引用に登場する「動き始めるもの」や「帰っていくもの」とはなんだろうか。それは本質や現存在のことである。反省という運動は、その自分自身に帰っていく運動のゆえに、現存在となり、本質となる。反省という運動の方が先にあって、そのおかげで、本質や現存在が存在するようになる。

これは重大な一手である。反省という関係がなければ、いかなるものも存在しないということになるからだ。本質も現存在も本当は幻想かもしれない。両者を分けることも、本当は不適切なのかもしれない。それでも、これら二つの幻想をいったんは別々のものとして捉えて、それらの間の関係としての反省を考えなければ、およそ何かが存在するという事態を考えることすらできなくなる。したがって、存在の向こうにそれとは区別された本質がある、という描像は、そのままでは維持できないものではあるのだが、それでも最初からなしで済ませることもできない。これがヘーゲルの考えである。

「グラグラそのもの」としての反省

抽象的な議論が続くつらい箇所になってしまったが、本書で掲げてきた「流動化」というキーワードに照らすと、幾分か見通しがよくなるかもしれない。反省という運動が先にあって、存在も本質も全て影のようなものなのだ、というヘーゲルの主張は、まさにこの世界の全てを流動的なものとして捉えていくという宣言として受け取ることができる。こうした観点から、ここまでの展開を振り返っておこう。その際に、「グラグラ」と「カッチリ」をキーワードにするとわかりやすいだろう。

流動化という観点から見ると、ヘーゲルはまず、私たちの日常的な事物やその見方をグラつかせ、流動化させていると言える。現存在は全て「グラグラ」であり、揺らぎの中にある。これに対して、それらを成り立たせる本質がいったんは「カッチリ」したものとして想定された。カッチリした本質があって、それによって定立されたものとしてグラグラの現存在がある。

しかしヘーゲルはこの描像をも即座に否定し、流動化させる。本質も実は影のようなものであり、グラグラなのだ。本質も現存在も実は幻で、それらを成り立たせているのは「反省」という関係そのものである。反省とは運動であるから、一箇所にじっとしているということがない。いわば「グラグラそのもの」としての反省だけが存在する。この世界の全てはグラグラそのものであり、流動的である。

ヘーゲルの手によって、私たちはいまやこのような地点にまで連れてこられたわけである。

「グラグラそのもの」の流動化

ヘーゲルの反省論としての本質論はこれで終わりではなく、もう一歩先まで進む。そこまでしっかりと見届けておこう。これまでのところでは、「グラグラそのもの」としての反省だけが存在するという描像をヘーゲルは提示していた。ヘーゲルはこのように捉えられた反省を、「否定的なものの廃棄としての直接性」や「還帰することとしての直接性」とも呼んでいる（GW11, 251: 10-2, 三一～三二）。「否定的なものの廃棄」とは、現存在や本質が実は無なのだということが反省という運動に注目することではっきりする、ということを言っているのだろう。「還帰」はすでに見たとおり、本質と現存在は実は同じものであり、本質から現存在に向かうことが実は自分自身に帰っていくことだ、という事態を表現する言葉だ。ここではさらに、それらが「直接性」と言われていることに注目しよう。

これまでに私たちがヘーゲルとともに到達したのは、「本質も現存在も実は無である、グラグラそのものとしての反省だけが存在する」という世界像であった。この見方のポイントは、現存在が本質を支えるとも言えないし、本質が現存在を支えるとも言えない、それゆえに全ては流動的である、ということにあった。しかしヘーゲルはこれにも満足しない。なぜなら、こう言っただけでは、反省が新たに直接的なものの位置を占めることになってしまうからだ。反省という運動が、本質と現存在の両者を支えているという、新たなカッチリした図式、固定的な図式が出現してしまう。

ヘーゲルはこの図式をも流動化させようとする。先ほど、「反省は無から無への運動であり、それゆえ自己自身と合一する否定である」というヘーゲルの言葉を引用したが、これと同じ段落でヘーゲルは次のようにも述べている。

> この合一は第一に自己との同等性ないし直接性である。しかし第二に、この直接性は否定的なものの自己との同等性である。それゆえに自己自身を否定する同等性である。すなわち、それ自体として否定的なものであるような直接性、それ自身の否定であるような直接性である。それは、直接性ではない直接性である。
> （GW11, 250-251; 10-2, 三一）

「第一に」と銘打たれた箇所では、自らと等しいこととしての反省は直接性だと言われる。これは「グラグラが全てを支える」という図式である。これに対して、「第二に」となっている箇所では、反省＝直接性が自己を否定するもの、「それ自体として否定的なもの」「それ自身の否定」と言われ、ついには「直接性ではない直接性」と言われてしまう。反省に全てが支えられていると安易に考えてはならない、それだって本当はそのような直接的なものではないのだから、というわけだ。*3

ではヘーゲルが思い描く世界とはどんなものなのか。これを理解するには、どうしてももう一つだけキーワードを導入しなければならない。それは、「前提（＝前もって定立）すること」である。ドイツ語で「前提を置く」ことを「フォラウスゼッツェン voraussetzen」という。この言葉はこれまで「定立」と訳してきた「ゼッツェン setzen」の前に、「前もって」という意味の「フォラウス voraus」をくっつけてできている。ヘーゲルはこの言葉で反省という運動を捉え直す。なお、厳密には日本語の「前提」は名詞であり、「前提する」という動詞は通常は用いられない。しかしヘーゲルのこの文脈では、「定立する（ゼッツェン）」と「前提する（フォラウスゼッツェン）」の対が決定的に重要である。このため、「前提する」という破格の表現がしばしば訳語として用いられる。

反省が前提であるとはどういうことか。それは、反省が先にあって、それに支えられて現存在や本質が成り立つ、と考えることはできないということだ。反省はたしかに現存在や本質をある意味で支え、したがってそれらを定立するのだが、しかしその定立は「前提」、すなわち「前もっての定立」である。反省は、現存在や本質を、反省以前からあったものとして定立する。したがって、ここでヘーゲルは、反省の方が現存在や本質に支えられているとも見なければならない、と言おうとしている。反省そのものだけが存在し、現存在や本質を支えているのではない。反省そのものが存在するとされるときには、それに先立って現存在や本質も存在するとされていなければならない。

これを「グラグラ」対「カッチリ」という図式でもう一度整理しておこう。ヘーゲルが最終的に主張するのは、「グラグラだけが存在する」ということ自体の否定である。反省の「グラグラ」としての流動性は、本質と現存在という、「カッチリ」がはじめからあったのだと前提しなければ理解できない。これは「グラグラ」そのものの流動化、流動性そのものの流動化と言うことができるだろう。「グラグラだけが存在する」と言ってしまうと、逆説的に「グラグラ」の固定化、流動性の固定化が生じてしまう。これを避けるために、ヘーゲルは「グラグラ」と「カッチリ」の間の揺らぎを主張する。流動性と固定性との間に、いわばメタレベルの流動性を考えようとするのだ。

「反省としての本質」論のまとめ

やっと、長く苦しかった反省論のまとめに入ることができる。ここでのヘーゲルの議論に完全に納得する必要はないし、入門段階では完全に理解する必要すらないと私は思う。「もしかすると一理あるのかもしれない」くらいに思えれば十分である。それでも難解なヘーゲルの議論にここまで付き合ってきたのは、ヘーゲルの流動化の試みがいかに徹底したものであるかということが、この箇所によって最も明確に理解できるからだ。

振り返ると、ヘーゲルはまず、現存在の奥に本質を想定するという仕方で、現存在を流動的なものと見なした。次に、本質も無にすぎないと喝破することで、本質をも流動化し、流動性そのものとしての反省だけが存在するという見方に至った。最終的に、ヘーゲルはこれにも満足せず、反省の直接性を否定するという仕方で、流動性そのものをも流動化させようとした。

ヘーゲルは、体系的な理論を構築するためのカッチリした足場を作りたい、という哲学者の欲望を完膚なきまでに打ち砕く。そのようなものはない、全てはグラグラと揺れ動かざるをえない。それでも私たちは思考を続けなければならない。ヘーゲルは私たちにそう語りかけているかのようだ。

三　根拠があるとはどういうことか

本質論のその後の展開

本章のこれまでのところで見てきた反省論は、「本質論」冒頭部、分量にして七分の一ほどの箇所で展開されている。ここで展開された議論のパターンが理解できれば、その後の議論はその変奏として見ることができる。そのパターンとは、繰り返すなら、本質と現存在という二つの要素は、同じでありかつ同じでなく、両者の間の関係としての反省のみが存在し、しかし反省は二つの要素を前提として存在する、というものだ。もっとも、同じパターンをさまざまな場面に応用している、という言い方をヘーゲルは形式主義として嫌うだろう。それでも少なくとも結果的には、引き続く議論の展開の中で、似たパターンがさまざまな領域に見出される。

本書ではその中でも重要なものとして、根拠づけ関係に関する議論と、可能性や必然性といった様相に関する議論に、反省論的な思考法が見出されることを見たい。前者については本節、後者については次節で扱う。これらを見ることで、さまざまな事象に流動性を見出そうとするヘーゲルの思考の「くせ」を、自分自身の思考に馴染ませることができるはずだ。

「十分な根拠がある」とは?

ここからは根拠についての議論を見ていくが、ここでもはじめに訳語に関して注意をしておきたい。「根拠」と訳されるドイツ語の「グルントGrund」という言葉は、英語の「グラウンド」にも通じる言葉で、「地面」から転じて「基礎づけ」「根拠」の意味を持つようになった。そこからさらに転じて、「理由」の意味もこの言葉がカバーしている。

したがって、ヘーゲルの根拠論は同時に理由論でもある。日本語でも「根拠」と「理由」は似た意味を持つ言葉ではあるが、全く同じ意味というわけではない。それゆえ、全てを「根拠」の訳語のみで統一すると違和感が生じる箇所が出てきてしまう。このため以下では、文脈に応じて「根拠」と「理由」の両方の訳語を用いることとする。ただし、「根拠」の方がグルントの原義に近く、ヘーゲルの訳語としても定着しているため、両方の言い回しが可能な箇所では「根拠」の方を多めに用いている。

それでは早速、ヘーゲルの根拠論の最初の山場を見よう。それは、「十分な根拠がある」とはどういうことか、という問題である。ヘーゲルは、AであることがBであることの十分な根拠であるならば、AであることとBであることは同一のことであるはずだ、と指摘する。ヘーゲルの言い方では、「根拠のうちには、根拠づけられたもののうちにないものは何もない。同様に、根拠づけられたもののうちには、根拠のうちにないものは何もない」となる（GW11, 303; 10-2, 一三三）。

このことの例として、数学や物理学の証明を考えてみよう。二つの三角形の三組の辺の長さが全て等しいことは、二つの三角形が合同であることの根拠である。「なぜこれら二つの三角形は合同だと言えるのか？」と問われたなら、「それら二つの三角形の三つの辺の長さを調べたところ、三組全てが等しかったからだ、それが根拠だ」と答えることができる。このとき、二つの三角形の三組の辺の長さが全て等しいということは、まさにとりもなおさず、二つの三角形が合同だというのと同じことである。両者は全く同じ事態を表しているのでなければならない。

同様に、地球が私たちを引きつける引力が、地球の自転によって生じる遠心力や、太陽が私たちを引きつける引力などと比べて十分大きいことは、私たちが地面から浮き上がってしまわないことの根拠である。もし、地球の自転と遠心力について初めて学んだ子どもに、「なぜ私たちは地面から飛んでいかないの？」と聞かれたら、「地球の引力というものがあって、それが十分大きいからだ」と答えることができる。このときにも、「地球が私たちを引きつける引力が十分大きいこと」はまさに、「私たちが地面から飛んでいかないこと」と全く同じことである。

これらの事例において、Aであることが Bであることの十分な根拠であるということは、AであることとBであることが実は同一の事態であるということだ。AとBは、同一の事態を別の観点から記述したものにすぎない。二つの三角形について、辺の長さの観点から記述すれば「三組の辺がそれぞれ等しい」となるが、三角形同士の関係という観点から見れば「合同である」となるのである。

理由を説明するとは何をすることか

根拠と根拠づけられたものは同一である、という考えは、私たちの根拠づけ・理由づけの実践の一面を捉えてはいる。しかしこれだけでは、根拠や理由について完全な説明が与えられているとは言えないだろう。なぜなら、「AはBの根拠である」「AはBの理由である」「AだからBなのだ」などと言われるときに、常にAとBが等しいわけではないからだ。

例えば、個人の心の状態と行為の間には根拠づけ関係があるが、両者は同一ではない。私がこの本を書いた理由は、ヘーゲル哲学の魅力を多くの人に伝えたいと考えたからである。しかし、「この本を書くこと」と「ヘーゲル哲学の魅力を多くの人に伝えたいと考えること」は異なる。ヘーゲル哲学の魅力を多くの人に伝えたいと考えたことは、本を書く以外のこと、例えばヘーゲルについての講義をすることの理由にもなりうるからだ。

出来事同士の関係についても多くの場合に同じことが言える。二〇一六年のアメリカ大統領選挙で、「メイク・アメリカ・グレイト・アゲイン（アメリカを再び偉大に）」というスローガンを掲げたドナルド・トランプが当選した。このときその理由として、かつて重工業で栄え、現在は経済的に落ち込んでいる「ラストベルト」と呼ばれる地域の住民が、それまでの民主党のリベラルな政治に反発心を抱いていたことが指摘された。両者の間には根拠づけ関係が成り立っている。しかしだからといって、「ラストベルトの人々が経済的に苦しんでいること」と「トランプが大統領に当選すること」は同一だということにはならない。

　これらの事例が示すのは、全ての根拠が根拠づけられるものと同一であるとは言えないということだ。根拠と根拠づけられるものが手放しで同一と言われうるのは、根拠が「十分」である場合に限られる。

　ヘーゲルもこのことに気づいており、根拠と根拠づけられるものが同一ではない場合についても論じている。ヘーゲルは、両者が同一である場合の根拠を「形式的根拠」、両者が異なる場合の根拠を「実在的根拠」と呼んで区別している。実在的根拠の場合、根拠と根拠づけられるものは異なる。しかし両者の間に根拠づけ関係が成立するためには、両者は深く関係し合っていなければならないだろう。その関係をヘーゲルは再び同一性に求める。すなわち、この場合には根拠と根拠づけられるものの内容は完全に同一ではないが、それでも部分的には同一である。

　根拠の一側面が持つ内容は、根拠づけられるもののうちにも同様に存在する。根拠づけられるものは定立されたものとして、根拠のうちにのみ自らの自己同一性を持ち、存立を持つ。しかしながら、この根拠の内容のほかに、根拠づけられたものはさらにまたそれ固有の内容をも持っている。それゆえ根拠づけられたものは、二つの内容が一つに重なり合った統一である。（GW11, 308; 10-2, 一四〇）

根拠づけられるものは、根拠との間に一部共通の内容を持つ。しかもそれは根拠づけられるものの存立の基盤となるような内容である。私がヘーゲル哲学の魅力を伝える（ものだと信じている）この本を書いたことは、ヘーゲル哲学の魅力を伝えたいという私の願いと部分的に同一の内容を持ち、また、私の願いを存立の基盤として持っている。一方で、私がほかならぬこの本を書いたということには、ヘーゲル哲学の魅力を伝えたいという思いだけでは説明できない内容も含まれる。流動性に光をあてたこと、新書という形態で集英社から出版されたことなどは、ヘーゲル哲学の魅力を伝えたいという思いだけでは説明できないだろう。別の例で言えば、トランプ大統領が誕生したことは、ラストベルトの人々の苦しみだけでなく、白人を中心とするアメリカ国民の排外主義・人種主義的な感情にも関係していよう。

根拠と根拠づけられるものの同一性と差異

これまで、二種類の根拠についてのヘーゲルの議論を見た。両者は異なっているが、しかし共通点も見逃せない。その共通点とは、いずれにおいても根拠と根拠づけられるものの間に

「同じでありながら違いもある」という関係があったということだ。

形式的根拠の場合には、両者は全く同一の内容でありながら、違う観点から語られていた。「二つの三角形の三組の辺の長さがそれぞれ等しいこと」を根拠に「二つの三角形が合同であること」が主張される場合などがその例であった。実在的根拠の場合には、両者は部分的に同一の内容を持ち、部分的には異なる内容を持っていた。このように細部は異なるものの、形式的根拠についても実在的根拠についても、根拠と根拠づけられるものとの間に、「同じでありながら違いもある」という関係が成り立っている。

このことが示しているのは、私たちが根拠や理由に目を向けるときには、二つのことがらの同一性と差異の両方に同時に目を向けているということである。流動化ということに関連づけて言えば、同一性だけを見る目線と、差異だけを見る目線の両方を流動化させることで、私たちは根拠づけの構造を把握することができる。これは反省論における、現存在と本質の関係にも似ている。現存在も本質も、同じものについての見方の違いから生じるとも言えるからだ。この意味で根拠はヘーゲルの得意技が通用する、ヘーゲルにとって得意のトピックである。

現実が根拠を制約する

形式的根拠についても実在的根拠についても、ヘーゲルは根拠づけという関係が持つ構造の分析を与えていた。この構造分析の上に、ヘーゲルはさらに根拠に関する問いを投げかける。それは、ある事態が根拠を持つということと、ある事態が現実に成り立っているということとの関係についての問いである。この問題は、根拠が前提する「制約」の問題として導入される。

根拠がその本質的な前提として関係する直接的なものは、制約である。それゆえ実在的根拠は、本質的に制約されている。(GW11, 314-315; 10-2, 一五三)

私の理解では、この箇所でヘーゲルは、事態の間の根拠づけ関係そのもののことを「根拠」の一語で指している。そうした根拠づけ関係は、ある直接的なものを前提としているのだとヘーゲルは言う。その前提は、「制約」と呼ばれる。

制約とは何か。それは一言で言えば、現実世界のあり方のことである。ヘーゲルはまずこれが「直接的で多様な現存在」であることを指摘する。ヘーゲルによればまた、この現存在は直接的であるがゆえに「根拠を持たない」ものであり、かつ「根拠の前提をなす」ものである(GW11, 315; 10-2, 一五三〜一五四)。現実世界は多様なあり方をしており、根拠など持たずにただそこにあるように思われる。そうした現実世界のあり方を前提とした上で、人がそこにあれこれと解釈を加えて、根拠づけ関係を見出すのだ。

先に挙げた、ラストベルトの人々の苦しみとトランプの大統領当選との間の根拠づけ関係という例をもう一度考えてみよう。二〇一六年の米大統領選挙は接戦であり、多くのメディアは対抗馬だったヒラリー・クリントンの勝利を予想していた。いくつかの偶然が作用すれば、クリントンが勝利することも十分ありえたはずである。また、ラストベルトからのトランプへの支持は変わらなかったにもかかわらず、二〇二〇年の米大統領選挙では、トランプが落選しジョー・バイデンが当選した。

こうしたことを考えると、二〇一六年のトランプの勝利はそもそも根拠を持たない偶然として生じたのだが、後づけで理由・根拠が見出されたにすぎない、と見ることもできるかもしれない。これが、実際にどうなったか、という現実世界のあり方が、根拠の前提になり、それを制約しているという見方である。

根拠と現実の流動化

根拠は現実世界のあり方を前提とするということは、根拠づけ関係はいわば後づけで見出されるということであった。しかしヘーゲルは、この図式を自らもう一度ひっくり返す。ここでもヘーゲルは徹頭徹尾、流動的なのだ。どういうことか。

まずはヘーゲルを離れて、ことがらとしてどうなっているかを考えてみよう。根拠づけ関係の全てが現実を追認してあとから見出されるものにすぎないとすると、結局は根拠など全て幻想だということになりそうである。現実は全て偶然に支配されている。人間はそこに根拠や理由を見出そうとするが、そうしたことは全て、本当は無駄だということになってしまう。

しかし本当にそうだろうか。現実に起こることには、根拠や理由など本当は全くないのだろうか。ラストベルトの人々の苦しみは、二〇一六年のトランプ勝利の理由ではなかったのだろうか。あるいは一般に、この世界で生じることの多くは、過去に生じたことを根拠として持つのではないだろうか。

ヘーゲルは、それはそれで正しい、と考えている。ヘーゲルの言葉で言えば、制約は根拠によって「定立された存在」であり、それゆえに制約は「根拠へと沈む」ものである（GW11, 317: 10-2, 一五七）。「定立された存在」という言い回しは本質と現存在の関係を論じる際にも登場していた。根拠こそが基盤にあり、それによって制約すなわち現実世界が成立する。そうした側面もヘーゲルは否定しない。

では結局どちらがヘーゲルの立場なのか。ここまでヘーゲルに付き合ってこられた皆さんなら察することができるかもしれない。そう、ヘーゲルの答えは「どちらも」である。ヘーゲルによれば、「制約と根拠は、一つのもの、一つの本質的統一」であり、「それらは互いを前提し合う」（GW11, 318: 10-2, 一六〇）。一方では根拠が制約を前提する。すなわち、現実世界で何が起こっているのかということが基盤となって、何が何の根拠なのかということが決まる。他方では、制約が根拠を前提する。すなわち、現実世界で何が起こるかは、その根拠によって決定されている。これらは実は一つのことであり、どちらかが正しいと決めてしまうことはできない。

この結論も、私たちの世界の見方を流動化させるものだと言えるだろう。この世界に何が起こるかという、物事の生起に関する法則がはじめから根拠づけ関係によって全て定まっている、と言うことはできない。現実に何が起こったのかによって、根拠づけ関係は制約されている。根拠づけ関係にこだわりすぎてはならないのだ。しかし他方で、「全ては偶然に起こるのであり、根拠など考えても無意味だ」ということにもならない。根拠づけ関係が、この世界のあり方を決めているということもまた正しい。現実の多様性のもとだけにとどまることもまた許されないのである。

四　現実の偶然性と必然性

哲学的様相論と現実の捉え方の問題

全ては偶然に起こるのか、それとも物事の生起にはしかるべき根拠があるのか。この問題は「本質論」後半で必然性と偶然性が論じられる際に、より深く掘り下げられる。本質論の締めくくりに、この議論を見ておこう。

必然性や偶然性は、可能性や現実性と合わせて、哲学用語では「様相」と言われる。ある事態が必然的であるとは、その事態が起こるべくして起こったということである。一方、ある事態が可能的であるとは、その事態が起こることが十分ありうるということだ。ここで出てくる「起こるべくして起こった」とはどういうことか、また「可能であった」とはどういうことか等々について論じる哲学の分野を、「様相論」と呼ぶ。様相はヘーゲルのみならず多くの哲学者によって論じられる、哲学の一大テーマだ。

哲学的様相論にはさまざまなものがあるが、ヘーゲルの様相論は、現実のこの世界を様相の観点でどう見るか、という仕方で展開されている。もし現実世界を「必然性」を持つものだと捉えるならば、「私たちが生きるこの現実世界がこのような姿をしているのは、なるべくしてなったこと、必然的なことだ」と考えられることになる。他方で、現実世界は必然性を持たず、それは単なる可能的、偶然的なものだと見るならば、「私たちが生きる世界の姿は全くの偶然によってこのようになったのであり、そこに秩序を見出すことは不合理である」ということになる。このいずれの見方が正しいのか、ということが問われるわけである。

この議論が持つ意義を理解するには、現実世界についての二つの見方が、世界史についての二つの見方とも連動していることに目を向けるのがよさそうである。この世界は必然的なものだ、という見方は、これまでの世界の歴史はなるべくしてこのような道筋をたどった、という見方でもある。この世界で起こることはいわば「神の摂理」にしたがっている、というキリスト教的な世界観にもつながる。必ずしもキリスト教を信仰していなくても、歴史の進行の裏に、何か人為を超えた超越的なものを見出す態度を理解することは可能だろう。

これに対して、現実世界がこうなっているのは偶然にすぎない、という見方をとれば、世界史についても同様の見方をとることになるはずだ。近代以後にヨーロッパが世界で覇権を握ったことも、二度の世界大戦が起こったことも、紆余曲折《うよきょくせつ》を経て日本がおおむね独立を保ってきたことも、全てはたまたま生じたことにすぎない。世界史の連なりは、サイコロで出た目を記録したのと同じほどの意味しか持たないということにもなるだろう。

先ほど、ヘーゲルの議論はこれらのうちいずれの見方が正しいのかという問いに関わると言ったが、ここでもヘーゲルの答えは両義的かつ流動的なものとなる。つまり、この世界は必然的でありかつ偶然的である、という仕方で、二つの見方を流動化させるべきことをここでもヘーゲルは説く。以下ではこの結論へと至る道筋をヘーゲルとともにたどりたい。

二種類の「可能性」

ヘーゲルの様相論は、様相を「形式的」なものと「実在的」なものに分類することによって展開される。見通しをよくするために、「可能性」という様相について、大きく二つに分けて考えてみよう。一方には、単に想像や思考が可能なことがあり、他方には、将来本当に起こりうることがある。

例えばフィクション世界の出来事の多くは、想像することだけが可能である。いまから一五〇年前のイギリスでシャーロック・ホームズという探偵が活躍したことを、私たちは想像できる。あるいは遥《はる》か昔に遠い宇宙で起こったジェダイとシスの戦いや、お互いにスパイや超能力者であることを隠して生活する家族や、平安時代に浮き名を流した光源氏という貴族のことを想像できる。しかし彼らの活躍は本当はありえないことだ、ということも私たちは知っている。彼らの活躍は想像可能という意味では「可能」だが、本当はありえない、という意味では「不可能」である。

一方で、これらと異なり、「本当に」可能なこともある。そう遠くない未来に東京と大阪をつなぐリニアモーターカーが開業することはありうる。南海トラフ地震で大きな被害が出ることもありうる。遠い未来に人類が宇宙で生活することも十分ありうる。この意味での「可能性」は、フィクション世界の「可能性」とは異なるはずだ。この違いがあるからこそ、「宇宙での生活はもはやSFではない」のような言い方もできる。[*4]

前者の可能性は、ヘーゲルが「形式的可能性」と呼ぶものに対応づけることが可能である。また、後者の可能性は、ヘーゲルの「実在的可能性」に対応する。以下ではヘーゲルの議論の順番に即しながら、これら二つの可能性が、現実は偶然なのか必然なのかという問題にどう関係するかを見ることにする。

現実は偶然である

ヘーゲルはまず、形式的可能性の観点から現実を見ようとする。さまざまな荒唐無稽なフィクションが想像可能であるのと同じ意味で、現実世界も想像可能なものである。現実が想像可能という言い方に違和感があるようなら、フィクション世界は「単に想像可能」なものなのだが、現実世界は「単なる想像可能性を超えて」実在する、と言ってもよい。想像可能ですらないことは、現実になることもありえない。

　想像可能ですらないものとして哲学者がよく挙げる例に、「丸い四角形」がある。「丸い四角形」と言われると、四角形の角を丸くしたものを想像するかもしれないが、それは厳密には四角形ではない。「厳密に四角形であり、かつ、丸い」ものを想像することはできない。このような想像不可能なものは、現実にも存在しないだろう。逆に、現実に存在するものは、少なくとも想像することも可能なものでなければならない。

　このような観点から見られた現実は「形式的現実性」であるが、これは「単なる可能性にすぎない」ような現実性である（GW11, 383; 10-2, 二七六）。この観点からは、現実は全く偶然にこうなった、という見方が生じてくる。ヘーゲルの言い方では「可能性と現実性とのこの統一は、偶然性である」（GW11, 383; 10-2, 二七七）。「可能性と現実性とのこの統一」とは、「現実は単に想像可能という意味での可能性を持つ」という見方のことだ。このように見られた現実性は、偶然的なのである。

　なぜ、形式的現実性は偶然性だとされるのだろうか。その説明が次の引用である。

> 偶然的なものは現実的なものだが、同時に単に可能的だと規定されているような現実的なものである。それは、その他のこと、あるいはそれとは反対のことも全く同様に可能であ

るような現実的なものである。（GW11, 383-384; 10-2, 二七七）

現実が偶然的なものだと見られるとき、その現実は、単に思考可能なものとしてのみ見られている。なぜなら、単なる思考可能性という観点のみから考えるのならば、現実とは全く異なる事態がありえたということになるからだ。現実とは異なり、シャーロック・ホームズが存在する世界もありえたかもしれない。第二次世界大戦を回避できた世界もありえたかもしれない。しかしそうはならなかった。それは単に偶然にそうだったにすぎない。

こうして、さまざまな想像可能性の中の一つが現実化したものとしてこの現実世界を見るとき、そのあり方は単なる偶然として捉えられる。しかし本当にそうなのだろうか。現実に起こっていることは全て単なる偶然なのだろうか。すでに予告したとおり、別の見方をすればそうではない。ヘーゲルの議論はこう展開する。

現実は必然的である

単なる偶然として見られた現実性は、「形式的現実性」であった。ヘーゲルは次に、現実を「実在的現実性」として捉え返す。現実が実在的であるという考えには特に奇妙なところはないだろう。現実とはまさにこの実在する世界のことだからだ。これは現実に対するニュートラルな見方と言ってもよさそうだ。しかしここから、ヘーゲルの議論はさらに大きくカーブを切る。この実在的ということからの連想によって、「実在的可能性」というものも考えられると論じられることになるのだ。

実在的可能性とは何だろうか。といっても、これは先ほど予告済みである。フィクション世界をも含む想像可能性の意味での「可能性」を超えた、現実世界における実現可能性のことだ。これについてヘーゲルは、「実在的可能性は、諸制約の全体を構成する」と述べている（GW11, 386; 10-2, 二八二）。諸制約の全体とはどういうことだろうか。

ここで、前節で論じた根拠論において、「制約」がキーワードであったことを思い起こそう。そこでの議論が手がかりになる。制約とは、何が何の根拠なのかに影響する現実世界のあり方のことであった。したがって、実在的可能性とは、「根拠づけ関係を成り立たせているような現実の全体を見たときに何が可能なのか」、ということである。したがって「諸制約の全体」としての「実在的可能性」はまさに、現実世界における実現可能性のことだと理解できる。

ヘーゲルはさらに、このような実在的な可能性は必然性にほかならない、と議論を展開する。まずはヘーゲルの言葉を聞こう。

実在的に可能であるようなことがらは、もはや別様ではありえない。この条件下・状況下では、別のことが引き続いて生じることはない。したがって、実在的可能性と実在的必然性は単に表面上異なっているにすぎない。実在的必然性とは〔両者の〕一つの同一性である。その同一性はここで初めて生じるものではなく、すでに前提されていて、根底に存していたものである。

(GW11, 388; 10-2, 二八五)

実在的可能性とは、現実世界において実現可能なことの全体であった。ところで、現実世界において可能なことの全体とは、「結局そういうふうにしかなりえなかった」「なるべくしてそうなった」と言われうることの全体と同じではないだろうか。「現実的に十分にありえた」事態を前にしたならば、私たちは「そうなるのは無理からぬことであった」「なるべくしてそうなった」と考えるのではないか。このことを捉えてヘーゲルは、実在的可能性と実在的必然性は同一であると言う。しかもその同一性は、何か新しく登場したものではなく、はじめからそこにあったものだと言われる。

現実性をどう捉えるか、という問題に戻ってみよう。実在的可能性の観点から現実を見るならば、現実のあり方は結局のところ必然的なのであり、現実世界はなるべくしてこうなっている、という見方が導かれる。これは、形式的可能性から現実を見たときの、「全くの偶然」という見方とは逆である。現実は偶然ではなく、必然だと捉えられるのだ。[*5]

必然性の基礎に偶然性あり

これまでのところ、現実は偶然だという見方と、現実は必然だという見方は、真っ向から対立しているように見える。しかしそうではないのだ。「現実は偶然である」対「現実は必然である」という対立をヘーゲルはここでも流動化させる。ヘーゲルの言葉ではこうなる。

実際のところ、実在的必然性はそれ自体でまた偶然性でもある。(GW11, 389; 10-2, 二八六)

実在的必然性とは、現実は必然である、と見なされるときの、その必然性のことであった。そうした現実の必然性が、それ自体で偶然性であるとは、一体どういうことなのだろうか。

解釈のための補助線として、現代物理学で提唱されている多元宇宙仮説について考えてみたい。多元宇宙仮説とは、私たちが住み、観測することのできるこの宇宙のほかにも、複数の平行宇宙が存在するという仮説だ。この仮説に従えば、私たちが住むこの現実の宇宙の物理法則が成り立たない、ほかの宇宙が存在する。したがって、現在知られている物理法則は、偶然この宇宙で成り立っているにすぎない「ローカルな」法則だということになる。そうだとすると、この宇宙の法則を前提として導かれる必然性は、ほかの宇宙をも視野に入れたときには偶然のものだということになる。*6

もちろん、ヘーゲルは多元宇宙仮説を知らなかったはずであり、それをそのままヘーゲルの議論に読み込むことはできない。しかし、多元宇宙仮説は、ヘーゲルが論じようとしたことを理解するための比喩として有用だ。あたかも多元宇宙仮説が、私たちの宇宙とは異なる物理法則が成り立つほかの宇宙を想定するかのように、ヘーゲルは、私たちの現実性がそこに含まれる必然性とは別の必然性がありうると考えている。それゆえ、私たちの現実性が含まれる「実在的必然性」は、「それ自体でまた偶然性でもある」と言われるのである。

必然性と偶然性は同時に生まれる

実在的可能性の観点から見ると、私たちの現実はなるべくしてそうなったもの、すなわち必然的なものである。しかし、その必然性そのものが実は偶然的なものかもしれない。ヘーゲルはこのように論じてきた。次に打ち出されるのが、様相についてのヘーゲルの最後の一手である。ここはこれまで以上にややこしいので、少しずつヘーゲルの議論を読んでいこう。

まずヘーゲルは、偶然性が必然性のもとで生じると述べる。

実在的必然性は、それ自体として偶然性を含んでいるが、それだけではなくて、偶然性はその必然性に即して生じてもいる。

（GW11, 390; 10-2, 二八八）

引用の前半で言われる、実在的必然性がそれ自体として偶然性を含むという議論はすでに見たものと同じだ。必然性そのものが偶然的かもしれない、ということである。それでは後半の、偶然性が必然性に即して生じるとはどういうことだろうか。これは、実在的必然性が偶然的なものであるということ、そのこと自体が必然的だということである。多元宇宙仮説のように、私たちはいまとは異なる必然性を想定することができる。それゆえにこの現実の必然性はそれ自体が偶然的なものとなる。

ここからさらに進んで、いまとは異なる必然性を想定できるということ自体が必然的だ、と考えてみよう。つまり、何が必然的かということ自体が現状とは異なっているような別の現実を想定するという、このことそれ自体が、どうあっても、必然的に、生じざるをえないのである。逆に言えば、いまとは異なる必然性を想定しないことはできない、ということだ。必然性そのものが偶然的であると考えないことはできず、どうしてもそう考えざるをえない。こうして、偶然性そのものが必然性に即して生じていると見られるようになる。

他方で、こうして偶然性が必然性に即して生じるということは、必然性そのものが生じるということでもあるのだとヘーゲルは言う。

こうして偶然性が生じることは、単にそれだけのことではなく、必然性それ自身が生じるということである。――言い換えると、必然性が持っていた前提は、必然性それ自身を定立することなのである。（GW11, 390; 10-2, 二八八）

偶然性が必然的に生じざるをえない、と考えるとき、偶然性と同時に、必然性そのものもまた生じている。こうして、偶然的なものとしての必然性と、必然的なものとしての偶然性が同時に生じる。したがって、一方では必然性は自らそのものを定立するとも言える。

絶対的必然性、あるいは反省の再来

偶然性と必然性が同時に生成するという、このことの把握によって、形式的可能性、形式的現実性、実在的可能性、実在的現実性といった全ての様相は一つに溶け合いつつ存在しているということがわかる。この事態を、ヘーゲルは「絶対的必然性」と呼ぶ。

様相の区別が溶け合うことは、絶対的必然性である。その内容は、そのうちで自己を貫通する区別である。／それゆえ絶対的必然性は、現実性や可能性全般が、また同様に形式的必然性や実在的必然性が、そのうちへと帰ってゆく真理なのである。
(GW11, 391; 10-2, 二九〇)

これまで、形式的な現実性/可能性や、実在的な現実性/可能性、それに伴う偶然性や必然性について論じてきた。ここに至って、これら全ての区別が流動的なものとなる。全ては溶け合って一つになる。しかし、区別が全くなくなるわけではない。区別は維持されつつ、一つの「絶対的必然性」が貫き通すのだと言われる。

様相の区別が溶け合うと言われてもイメージしにくいかもしれないが、ここにはあの反省論と同じ構造がある。これまで、現実性についてさまざまな様相の観点から考

表4　本書で扱った様相の区別

形式的可能性	「想像可能なこと」という意味での可能性。
形式的現実性	「想像可能なことのうち一つが現実化したもの」として見られたときの、現実のこの世界。
実在的現実性	実在しているものとして、ニュートラルに見られた現実性。
実在的可能性	「現実世界に生じることが可能である」という意味での可能性。
実在的必然性	「およそ現実世界において生じうることは、生じるべくして生じている」という意味での必然性。
絶対的必然性	さまざまな種類の現実性・可能性・必然性・偶然性といった全ての様相が、一つに溶け合いつつ存在しているという事態を表す。これ自体は他の様相と並ぶ様相の一種ではない。

えてきたのだが、本当はそうしたさまざまな様相を貫通する運動そのものだけが存在する。これは、反省論において、本質も現存在も無であり、反省だけが存在するとされたのと同様である。

したがって、絶対的必然性は、ほかのタイプの必然性と並ぶ様相の一つの形式ではない。そうではなくて、様相の諸形式をめぐる運動そのものである。このことは、ヘーゲル自身の言葉からも確認できる。

> 絶対的必然性はそれゆえ反省であり、言い換えると絶対的なものの形式であり、存在と本質の統一であり、絶対的な否定性であるような単純な直接性である。
> （GW11, 391; 10-2, 二九一）

このことを明らかにして、ヘーゲルの様相論は終結を迎える。どうしても似たような用語が連続して登場する箇所になってしまったため、改めて表4にまとめておいた。

現実の必然性と偶然性

ヘーゲルの様相論の最後には全ての様相が区別されつつ溶け合った、反省的な運動が残った。

それでは、現実はなるべくしてこうなったのか、それとも偶然なのかという問いはどうなったのだろうか。ヘーゲルはこの問いに正面から答える代わりに、この問いそのものを流動化させている。このことを最後に確認しておこう。

ある意味では、現実はなるべくしてこうなったものである。この世界の根底には、偶然性をも含み込むような必然性がある。この意味で、現実世界は全て必然的なものである。この点を強調すれば、現実世界は神のような超越的なものの摂理によって成り立っている、という見方も可能である。一方で、現実がこうなっているのは全て偶然の賜物《たまもの》でもある。なぜなら、この世界が偶然的であるということこそが必然的だからだ。こう見るならば、「この世界はたまたまこうなっているにすぎない」というドライな見方も成り立ちうる。もうおわかりかと思うが、「この世界は必然」という見方と「この世界は偶然」という見方はもはや単純に対立するものではなくなっている。問いそのものが流動化されているのである。

ヘーゲルは表立っては言及していないが、この様相論は、歴史に対するヘーゲルのアンビバレントな眼差《まなざ》しにも関わっているように思われる。ヘーゲルは先行するカントのように、歴史や経験を超越したア・プリオリな真理に、理性的な自己反省（＝理性批判）によって至れる、という立場をとらなかった。全てはそれに先立つ歴史を持つものとして捉えられなければならないと考えた。

こうして歴史を重視することは、全ては偶然に生じたことであり、必然的な真理など存在しないという見方と紙一重である。この見方は、ヘーゲルのあとに現れた、フリードリヒ・ニーチェやミシェル・フーコーの系譜学的な考え方に近いと言えるかもしれない。系譜学的な考え方のもとでは、道徳的な規範を含むこの世界のあり方は全く必然的なものではなく、偶然に生じたものでしかない、とされる。そしてニーチェにおいては、道徳は欺瞞《ぎまん》であるとまで指摘されることになる。しかし、ヘーゲルはそのように言い切ることもしない。*7

ヘーゲルはこれらいずれの立場にも立つことなく、歴史の中で偶然性と必然性が溶け合うのを見出す。ここで歴史の必然性だけを強調すれば、よく揶揄《やゆ》が向けられる「ヘーゲル的」な歴史の目的論となろう。つまり、「世界の歴史は全て現代に至るという目的を持って、必然的に展開してきた」という、しばしばヘーゲルに帰属させられる歴史観に帰結することになる。しかしヘーゲルは歴史の必然性そのものの偶然性をも視野に収めているはずだ。これ以上掘り下げることは本書が目指すところを超えてしまうが、この点に、単なる目的論ではない、しかし系譜学的でもない、ヘーゲルの歴史論の深みがあるように思われる。

「本質論」と流動性

本章では、ヘーゲル哲学の中でも指折りの難所とされる『大論理学』の「本質論」を扱った。

そこでのヘーゲルの議論はたしかに容易に理解できるものではなかった。しかし、根気よくこの箇所を読むことは、ヘーゲルの考え方の「くせ」を体得するための最大の近道である。ここでの議論に付き合ってくださった読者の皆さんの中には、ヘーゲルの根本的に流動的な思考法がひとたび身に馴染めば、ほかの箇所もスルスルと理解できる、ということを実感できた方もいるのではないだろうか。

なお、最後に本質論に顕著な反省論的構造と、通俗的な「正反合」の弁証法との違いに光をあてておこう。本質論では、二つの対立するかに思える見方が実は反省的な構造を持つ、というパターンの議論が繰り返される。本書ではそれを、本質と現存在の関係、根拠と制約の関係、必然性と偶然性の関係という三つの場面にわたって見てきた。こうした議論の展開は、「正反合」による対立物の統一という通俗的な弁証法理解に近いようにも思える。

しかし、両者の間には決定的な違いもある。ここで強調すべきは、最終的に「合」に至るか否かの違いだ。ヘーゲルの議論において最終的に残るのは、流動性そのものである。対立するとされたものは流動性に取り込まれると言いたければ言ってもよいかもしれない。しかし、それは一つの堅固な体系の中に対立物が取り込まれ、おとなしく収まっているというイメージとは全く異なっている。対立は解消されることなく、対立したままに流動性に取り込まれる。これに対して、「正反合」の図式からは、対立が最終的に克服されて、安定した体系が完成されるというイメージが喚起されてしまう。ここに「正反合」図式の最大の問題がある。ヘーゲルにおいて「正」と「反」のあとに待つのは、安定した「合」ではなく、徹底した流動性そのものなのである。

第六章　概念と弁証法

一　概念と認識

「概念論」の位置づけ

本章では、『大論理学』「概念論」を扱う。はじめにタイトルについてのややこしい事情に少しだけ触れたい。「概念論」は「存在論」「本質論」に続く『大論理学』の第三部であるはずなのに、そのタイトルは「第二巻　主観的論理学あるいは概念論」となっている。実は「存在論」と「本質論」がまとめて「第一巻　客観的論理学」を構成するとされているため、概念論は第三部でありながら第二巻なのである。

とはいえ、このことにあまりこだわりすぎる必要はない。ヘーゲル自身が、概念論は論理学全体の第三部であり、「主観的論理学」というタイトルは読者への便宜のためのものにすぎないと明言しているからだ。ヘーゲルによると、ここでは「通常のいわゆる論理学で扱われる題材」が扱われる。しかもそうした題材は「存在論」や「本質論」で扱われたトピック以上に「広範な論理的対象として」、論理学に関心を持つ人々が、「より大きな関心を持っている」ようなものだとされる。このことをわかりやすくするために、「概念論」に加えて「主観的論理学」というタイトルを付すのだ、とヘーゲルは説明している（GW12, 5: 10-3, 五）。私には「概念論」が第三部であるにもかかわらず第二巻でもあるというのは混乱を助長するように思われてならないが、ともかくヘーゲルはその方がわかりやすいと考えたようだ。

伝統的論理学の流動化

タイトルの問題はこれくらいにして、内容に移ろう。先ほど引用した箇所ではすでに、「概念論」の内容が予告されていた。すなわちそこでは、「通常のいわゆる論理学で扱われる題材」が扱われるとされている。ここでの「通常の論理学」とは、アリストテレスの論理学を淵源《えんげん》とし、中世・近世を通じて、西欧で研究が続けられてきた論理学のことを指している。[*1] といっても、現代の読者にとってはあまり馴染み深いものではないかもしれないので、説明を加えておきたい。

アリストテレス的な論理学は、いわゆる三段論法を基調としている。「AはBである、ところでBはCである、それゆえAはCである」というタイプの推論である。例えば、「ポチは犬である、ところで犬は四本足である、それゆえポチは四本足である」のような推論だ。

ヘーゲルが「通常の論理学」と言うときにも、大まかにはこれがイメージされているが、それだけではない。当時の読者には、三段論法だけでなく、その周辺のトピックも同時にイメージされたはずである。伝統的論理学においては、まずは「概念」について論じられる。先ほどのポチの推論の例には「犬性」の概念が登場している。推論の前に、まずはこれが論じられる。次に論じられるのは、「判断」である。判断は、「ポチは犬である」のように、主語と述語からなる文の形をしている。これらを論じたあとで、三段論法の推論について論じられる。

これらに加えて、伝統的論理学には、分析的方法と総合的方法という認識の方法についての議論も含められるのが常であった。分析的方法とは身近なものからそうでないものへと認識を進めていく方法であり、総合的方法とは、数学のように公理から出発して認識を進めていく方法である。

ヘーゲルは「概念論」で実際に「概念」「判断」「推論」「方法」といったトピックに取り組んでいる。その前置きとして強調されるのが、本書のテーマでもある「流動化」の重要さである。ヘーゲルによれば、「概念論」の研究には独自の困難が伴っている。「概念の論理学」には、完全に完成されて固まってしまった、骨化してしまったとも言えるような材料が存在している」からだ。またそれゆえに、概念の論理学にとっては「そうした素材そのものを流動性へともたらし、そうした死せる素材の中で、再び生命を伴った概念を燃え立たせること」が課題となるのだと言う（GW12, 5; 10-3, 五）。

ここでのヘーゲルの主張は、第一章で見た『精神現象学』の序文で述べられていたことと似通っている。『精神現象学』においては、古代とは異なる近代の哲学の課題として、すでにある哲学体系を流動化させることの必要性が語られていた。『大論理学』では、同様のことが、特に伝統が蓄積された「概念の論理学」にとっての課題となるとされている。ここに同じ「流動化」というモチーフによって、『精神現象学』と『大論理学』というヘーゲルの二つの主著が貫かれているのを見ることができる。

普遍と個別の同一性という問題

さて、ここからはヘーゲルによる論理学の流動化の内実を見ていこう。とはいえ本書では、「概念論」の全体を詳細に検討することはできない。ここでもこれまでの章と同様に、ヘーゲル哲学が持つ流動性という特徴を理解しやすくするために、特定の箇所だけを取り上げる。

まずは、概念論全体の序論にあたる「概念総論」という箇所を読みたい。ヘーゲルによる論理学の流動化の試みにおいて最も重要な、「普遍」と「個別」の流動化が扱われるからだ。

普遍とは、いわゆる抽象的な概念のことだ。*2 「白」や「赤」といった色の概念、「犬」「猫」「人」などの自然種、より抽象的な「事物」「出来事」等々を考えることができる。

これに対して個別とは、具体的なもののことである。概念としての白ではなく、その概念が当てはまる具体的な白いもの、例えば私が今朝食べた白いヨーグルトが「個別」である。あるいは「人」や「事物」という概念が当てはまる個別的なものとして、私自身、すなわち川瀬和也という一人の人間を挙げることもできる。このように私たちの思考を普遍的なものについての思考と個別的なものについての思考に分けておいて、そのはたらきや相互の関係を考えるのが通常の論理学である。

ヘーゲルは、普遍と個別を分けるというこの考えに大胆にも挑戦する。ここにヘーゲルによる伝統的論理学の「流動化」の真髄がある。とはいえ厳密には、ヘーゲルは普遍と個別が全く分けられないとも言わない。ある意味では分けられるが、ある意味では分けられない、というのがヘーゲルの考えだ。ヘーゲルの言葉を聞こう。

普遍と個別はいずれも総体性である。それらの各々は、他方の規定を自らのうちに含んでいる。またそれゆえに、これら二つの総体性は端的に一つのものでしかなく、またそれと同様に、この統一は、それら自身がこうして二つであるという自由な現れへと分裂することでもある。

（GW12, 16: 10-3, 二一）

まずはパラフレーズしよう。普遍と個別はいずれも、概念全てをまるごと含み込んだ「総体性」である。ということは、普遍は個別を含むということだし、個別は普遍を含むということだ。この意味で、普遍と個別は結局一つのものだということになる。しかしそうでありながら、普遍と個別は二つの別々のものとしても現れる。

私はこの箇所を、ヘーゲルが「概念論」全体を通して解明されるべき謎を提示し、かつ答えの方向性をも暗示している箇所として読みたい。まずは謎からだ。その謎とは、なぜ私たちは概念を用いて具体的な事物について考えることができるのか、というものである。考えてみてほしい。この世界は個別的で具体的なものからできている。そこに概念という普遍的で抽象的なものが入り込む余地はないように思える。それなのに、私たちの思考はもっぱら概念を用いてなされる。先ほど普遍と個別という論理的区別について説明するときに、私は「白」の概念が、今朝私が食べた白いヨーグルトに「当てはまる」と述べた。しかし普遍的な概念が個別的なヨーグルトに「当てはまる」とはどういうことなのだろうか。両者が異質なものであるなら、「当てはまる」という関係はいかにして成り立つのだろうか。

これが謎だとすれば、暗示されている答えとは何か。それは、普遍と個別は本当は一つであり、お互いを包含し合っている、というものである。普遍は、実は個別を含んでいる。個別の方も、実はその中に普遍を含んでいる。普遍と個別の境界は実はぼやけており、流動的になっている。だからこそ、普遍的な概念が個別的な事物に当てはまるということが生じうる。ヘーゲルはこうしたイメージを手がかりに答えを模索しているように私には思える。とはいえ、これはまだあまりにもぼんやりとしたイメージにすぎない。この答えをより明確なものへと磨き上げていくことが、「概念論」の課題である。

直観と概念の統一

普遍と個別が一つであるとはどういうことか。「概念論」ではこのことが手を替え品を替え何度も説かれることになる。それらのうち最初の山場と言えるのが、ヘーゲルがカントの認識論を批判して、独自の認識論を展開する箇所である。しかしこの箇所は、カントの認識論への称讃と批判が交錯し、混乱を招きがちな箇所でもある。ヘーゲルがカントのどんな考えを高く評価し、逆にどんな考えを批判したのか、整理しながら見ていこう。

カントの認識論では、「直観」と「概念」の二つが組み合わさることで初めて、私たちは何かを知ることができるのだとされる。これらのうち直観とは、感覚を通じて私たちに与えられるデータのことである。例えば、目の前のものがリンゴであると認識する場面について考えてみよう。リンゴは赤い光を反射している。この光が目（カントの言い方では「感官」）に入ることで、私たちは赤い色のデータを受け取る。また、甘酸っぱい香りが嗅覚を刺激することで、リンゴの香りのデータを受け取る。ここに、概念のはたらきが加わる。目で受容された光の信号は、「赤」という概念と結びつけられる。あるいは嗅覚によって受容された香りも、「甘酸っぱさ」という概念と結びつけられる。さらにはこれらの概念が、「リンゴ」の概念と結びつく。こうして私たちは、「目の前に、赤くて甘酸っぱい香りを放つリンゴがある」と認識することができる。

この描像の中でヘーゲルが高く評価するのは、「概念によって認識が成立する」という部分である。ヘーゲルはカントの叙述の中に、「概念の統一とは、何かあるものが単なる感情の規定や直観、ないしはまた単なる表象といったようなものではなく、客観であるということがそれによって成り立つ、まさにそうしたものである」という考えを見出す（GW12, 18: 10-3, 二四）。直観によって与えられたデータはそのままでは客観的な認識とは言えない。概念によってさまざまな直観が一つの像、例えば「リンゴ」という像を結ぶことによって初めて、客観についての認識が成立する。カント認識論のこのポイントをヘーゲルは強調する。

さらにヘーゲルは、カントから取り出されたこのポイントを、自らの用語法に引きつけて敷衍しようとする。

一つの対象を概念的に把握するということは実際には、自我がその同じ対象を自分のものにするということ、その対象を自我が貫き通して、それを自我自身の形式へともたらすということにほかならない。その形式とは、直接的に規定性であるような普遍性であり、あるいは、直接的に普遍性であるような規定性である。直観や表象のうちにある対象はまだ外的なもの、疎遠なものである。

（GW12, 18: 10-3, 二四〜二五）

概念によって対象が何であるかが認識される。これは認識する人が対象を「自分のもの」にすることである。これはまた、対象に「普遍性」という形式を与えることでもある。この「普遍性」という言い回しに注意しよう。ヘーゲルにとっての問題は、「普遍と個別の統一」はいかにして可能か、というものであった。認識についてのこの説明は、普遍と個別の統一についての説明の一つのバリエーションだということになる。認識されるものは具体的な個別のものであるのだが、それは普遍と結合することによって初めて客観的な対象として把握される。こうして認識において普遍と個別の統一が成り立つ。

こうした観点から見るとき、「直観や表象のうちにある対象」は、概念の外にある「疎遠なもの」だとされる。単に感覚を通じてデータが受け取られただけでは、客観的な認識は成立しない。直観に与えられるデータこそ客観的と思われるかもしれないが、ヘーゲルにとってはそうではない。概念と直観は結合して初めて客観的だと考えられるからだ。

直観は概念を離れて存在しうるか

カントの認識論は、認識の成立にとって概念と直観の両方が必要であると主張した点で優れていた、とヘーゲルは見ている。このことはヘーゲル的に言えば普遍と個別の統一が認識において成り立っていなければならない、ということだ。しかしヘーゲルは同時に、カントの認識論には大きな問題があるとも考えている。なぜならカントの理論の中には、データこそが客観性を担保するものであり、概念は主観的なものとしてあとからそこに付け加わるという考えにつながる側面があるからだ。このカントの見方はヘーゲルよりもむしろ「常識的」に見えるかもしれないが、ヘーゲルはこの考えには問題があると言うのだ。

ここではヘーゲルの批判のポイントを二つに分けて説明したい。第一のポイントは、直観が概念を離れて実在するとされていることに関わる。ヘーゲルの説明によると、カントの理論では、「経験的素材としての直観や表象の多様なものがはじめにそれだけで現にある。そのあとで悟性がそこに近付いていって、その素材に統一をもたらし、抽象を通じて普遍性の形式へと高める」(GW12, 20; 10-3, 二八)ということになっている。なお、「悟性」はカントにおいては特に、概念を用いて思考するという人間の能力を指す。したがってこの理論では、概念なしに、直観がそれだけで存在しうることになる。

ヘーゲルの言葉遣いで言えば、直観は「個別的なもの」に対応する。この個別的なものがそれだけであり、それとは別に普遍的なものとして概念があるというのが、カントの描像だということになる。これらはあとから結合させられるにすぎない。

仮にカントが正しいなら、概念を操る能力としての悟性は「それだけでは空虚な形式」であって、直観によって「与えられた内容によってのみ実在性を獲得する」（GW12, 20: 10-3, 二八）ということになってしまう。つまり、概念は単に主観的かつ無内容なものであって、客観性を担保するという役割は直観によって一手に担われるということだ。これはヘーゲルには受け入れられない描像である。

網膜の錐体《すいたい》細胞は直観を持つか？

ここは理解が難しいところだと思うので、現代の科学的想像力を駆使した比喩を用いて、認識の神経的基盤という観点から、ヘーゲルの批判のポイントを敷衍してみたい。

ヒトの目には「錐体細胞」という細胞がある。この細胞が光の刺激を受け取り、その信号が脳に伝わることで、私たちは光を認識することができる。では、もし人間の錐体細胞だけを試験管の中で作り出したとしたら、この錐体細胞は光を認識すると言えるだろうか。おそらく、言えないだろう。この錐体細胞は、脳につながっていないからだ。脳に信号が届かなければ、錐体細胞が化学反応を起こしたとしても、光が認識されたとは言えない。

どうしてもややこしくなってしまうのだが、この話はまだヘーゲルのカント批判には対応していない。試験管の中の錐体細胞が光を「認識」していないということは、カント的な描像でも認められるはずだからだ。カントの理論では、直観と概念の組み合わせによって認識が成り立つが、試験管の中の細胞は明らかに概念を持たない。したがって、カント的な観点から見ても、この細胞は光を認識していない。カントとヘーゲルの違いは、もっと微妙なところにある。

では両者の違いはどこにあるのか。重要なのは、カントの描像では、「試験管の中の錐体細胞は光を認識していないが、しかし光の認識に寄与しうる直観を持っている」とは言える可能性がある、ということだ。これに対してヘーゲルの考えでは、試験管の中の錐体細胞が起こした化学反応は、直観ですらない。なぜなら直観は、常に普遍的概念と結びついた仕方でのみ存在するからだ。脳につながらない錐体細胞は、概念だけでなく直観をも持たないはずなのだ。

もう一度まとめよう。カントにおいてもヘーゲルにおいても、直観と概念の両方がなければ認識は成立しない。したがって、試験管の中の錐体細胞は光を認識しない。しかし、カントにおいては、認識が成立する以前に、直観というものが独立して存在する。試験管の中の錐体細胞はこのカント的な直観を持つ可能性がある。一方でヘーゲルにおいては、認識と切り離された独立の直観は存在しない。したがって、試験管の中の錐体細胞は、光を認識しないだけでなく、そもそも直観を持つとも言えないのである。

この比喩による説明に対して想定される二つの批判についてコメントしておこう。カントもヘーゲルも、認識の生理学的基礎についてはあまり論じていない。このため、この比喩はカントにとってはもちろん、ヘーゲルにとってすら、受け入れられないものかもしれない。それでも現代の私たちにとって、認識が少なくともある程度は何らかの神経的な基盤に支えられているることは否定しえない事実である。右の議論は、このことを重く見て、ヘーゲルのカント批判を私なりにアレンジしたものである。これがそのままヘーゲルの考えであるとは言えないにしても、ヘーゲルの議論を理解し、それが現代の文脈で持つ意義を考えるための助けにはなるはずである。

もう一つの批判は、カントとて、一つの細胞が刺激を受容したことをもって「直観が成立した」とは呼ばないのではないか、というものである。たしかにカントの言う直観は、時間や空間という形式を持つなど、ある程度複雑な構造を持っている。一つの細胞に生じる化学反応は、カントが直観に要求するものを満たさない可能性がある。

この批判はあたっているかもしれないが、容易に対処することができる。たしかに直観を持つと言えるためには、一つの錐体細胞だけでは不十分で、ある程度まとまった神経組織や脳の細胞の一部までもが一緒にはたらくと想定せざるをえないかもしれない。それでも、そのときにどれだけのものが必要となるかは、カント的な描像をとるか、ヘーゲル的な描像をとるかで異なるということは言えるはずだ。カントの方がより簡素な、概念や思考を含まないはたらきだけで直観が成立すると考え、ヘーゲルの方がよりリッチな、思考や概念を含むはたらきを必要とするはずである。重要なのはこのことだ。錐体細胞一つだけで直観を持つと言えるかどうかということは、ヘーゲルとカントの哲学的立場の違いを理解する上では本質的な問題ではない。*3

概念は主観的か?

ヘーゲルによるカント認識論への批判の第二のポイントに移ろう。それは、概念が部分的に主観的なものだと見なされているというものである。

〔カントの叙述において〕概念は認識の客観的なものだとされ、それゆえ真理だとされている。しかし他面では、その同じ概念が何か単なる主観的なものだとも見なされている。そこからは実在性が取り出されえないとされるが、この実在性は主観性に対立しており、そ

れゆえ実在性のもとで客観性が理解されねばならないのである。（GW12, 19; 10-3, 二六）

すでに見たように、ヘーゲルの考えでは、カントにおいて直観と概念は相互に独立したものだと考えられている。また、カントは一方では概念が客観的な認識に必要だと考えてはいるのだが、しかし直観と概念のうちで認識の実在性を担保するのは直観の方だとも考えている。実在性を客観性だと解すれば、直観だけが客観性を持ち、対する概念の方は主観性しか持たないということになる。

ヘーゲルはこの点に大いに不満を抱いていた。直観が客観的なもの、概念が主観的なものとして別々に存在すると考えると、両者がなぜ関係するのかが説明できなくなってしまうからである。ここでの問題は、普遍と個別の統一の問題と同じである。普遍と個別の統一の問題とは、普遍的な概念と個別的なものを別々のものだと考えると、なぜ前者の普遍的概念が、後者の個別的なものに当てはまるのかを理解できなくなる、という問題だった。同様に、主観的な概念と客観的・実在的な直観を別々のものだと考えると、なぜ前者の主観的な概念が、後者の客観的な直観に当てはまるのか、理解できなくなってしまうのである。

もちろん、カントはこの問題に気づいていなかったわけではない。それどころか、『純粋理性批判』の前半部のほとんどが、この問題の解決にあてられてすらいる。そこでのカントのアプローチは、主観的な概念が客観的な直観と調和するということを証明しようとするものである。しかしヘーゲルは、このカントの議論に一顧も与えていない。なぜだろうか。それは、カントのアプローチが出発点からして根本的に失敗を運命づけられていると考えていたからだ。*4

ヘーゲルの考えでは、主観的な概念と客観的な直観が独立だという前提から出発し、あとから両者の適合性を証明しようとする道には見込みがない。そうではなくて、そもそも出発点から、主観と客観、概念と直観、普遍と個別は一つのものだと考えなければならない。こうして出発点を変更することによって初めて、カントが失敗した概念と直観の統一の説明が可能になる。このようにヘーゲルは考えていたはずである。*5

ここで、これまで説明なしに用いてきた「統一」という言葉のニュアンスに触れておくことが理解の助けとなるだろう。ここで統一と訳したのはドイツ語の「アインハイト Einheit」という単語である。この言葉は多くの場合、複数のものが調和している状態を指して用いられる。しかし、「アイン」は「一」であり、「ハイト」は名詞につく接尾辞なので、直訳すると「一性」ないし「一つであること」となる。すなわちこの言葉は、複数のものが調和によって一つになっている状態と、そもそも何かが一つであるということの両方を意味する多義語である。ヘーゲルの議論はこの語の多義性に訴えて、普遍と個別の「アインハイト」は、あとから与えられる「統一」ではなく、はじめから「一つであること」なのだ、と論じるものだと言える。

同一性と流動性

これまで、「概念論」のヘーゲルが、旧来の伝統的論理学を流動化させると宣言していることを指摘した。その上で、ヘーゲルが「普遍と個別の統一」はいかにして可能かという問題に取り組んでいること、その一環として、カントの認識論に対するヘーゲルの批判があることを見た。では、普遍と個別の統一の可能性を示すことや、カントの認識論を批判することは、いかなる意味で論理学の流動化だといえるのだろうか。

まず、普遍と個別の統一の問題について。普遍と個別の区別は実は確固たるものではなく、むしろ両者は本当は一つのものなのだ、と論じることは、とりもなおさず、普遍と個別の伝統的な区別を流動化させることだと考えられよう。伝統的論理学では、赤の概念と、個々の赤いもの、例えば一個のリンゴを全く別のものだと考えてきた。言うまでもなく前者が普遍であり、後者が個別である。これに対してヘーゲルは、両者の区別はそうした厳然たるものではなく、むしろ普遍と個別は実は同一でなければならないのだと指摘する。このとき、伝統的な普遍と個別の区別が流動化させられる。

認識論についても同様に考えることができる。カントは、直観と概念を峻別《しゅんべつ》した上で、両者がいかにうまく協働して人間の認識を可能にしているかを説明しようとした。これに対してヘーゲルは、直観と概念の区別を取り払わなければ、認識を説明することはできないと考えている。つまりここでもヘーゲルは、直観と概念の区別を流動化させようとしている。

ここには、ヘーゲル哲学を理解するための鍵を二つ見出すことができる。一つは、ヘーゲル哲学は「分けない」哲学であるということだ。そしてもう一つは、ヘーゲルの「同一性」が流動性を内に含んでいるということである。

まずはヘーゲルの「分けない」哲学という特徴について詳述しよう。哲学者はしばしば、要素を区別したり、分類したりすることで、事物や現象を説明しようとする。カントはそうしたタイプの哲学者の代表格だ。こうした哲学者にとっては、「分ける」ということが哲学にとって最も重要な営みだということになるだろう。*6 これに対して、ヘーゲルは常に「分けすぎ」に警鐘を鳴らし続けた哲学者だと言える。区別や分類はたしかに理解や説明を容易にするかもしれない。しかし、分けすぎると、もともと一つであったはずのものが別々のものとして固定化され、本来問われていた問いが歪《ゆが》められてしまう。カント哲学と対峙《たいじ》する中で、ヘーゲルがこのような認識に至ったと想定することは十分可能であろう。本書で強調してきた「流動化」も、「分けすぎ」を打ち消すという効力を持っている。

次に、ヘーゲルにおける「同一性」の意味についてである。本書の「はじめに」では、二〇世紀フランスの哲学者、ジル・ドゥルーズによるヘーゲル批判に触れた。そこでは、ヘーゲル哲学は差異を捉えることのできない「同一性の体系」として批判されていた。ドゥルーズの真意はどうあれ、このような批判は、ヘーゲル哲学は融通の利かない、凝り固まった閉鎖的な体系であるという通俗的なイメージの流通に寄与してきた。

しかし、ヘーゲルが「同一性」ということで何を論じようとしていたかを知ると、ヘーゲルの「同一性」概念が、「閉鎖的で固定的な体系」というイメージから最も遠いところにあることがわかるはずだ。ヘーゲルの同一性は常に「分けすぎ」を打ち消すことで、体系に流動性をもたらすものである。微妙なニュアンスの違いを無視して、一つの固定的な枠組みの中に全てを無理矢理当てはめる態度は、ヘーゲル的な「同一性」とは全く異なる。ヘーゲルの同一性はむしろ、それまで受け入れられてきた固定的な枠組みや分類の基準に揺さぶりをかけて、微妙なニュアンスの違いを強調しようとするものなのである。

ただし以上の指摘をもって、ヘーゲル的な「同一性の体系」に対する批判が全く成り立ちえないとまでは言えないことにも注意しておこう。むしろ以上の指摘から得られる教訓は、この種の批判がもし成り立つとしたら、それは「閉鎖的で固定的な体系」への批判であってはならない、ということだろう。言い換えると、ヘーゲル哲学は諸事象の多様なニュアンスを無視して無理矢理自分の枠組みに押し込めようとしている、という批判は的を外している。ヘーゲル哲学は、そうしたステレオタイプ的な理解とは全く異なるものだからである。

それでは、どのような批判であれば可能だろうか。私なりに再構成すれば、そうした「的を射た」批判は次のようになる。すなわち、「ヘーゲルはたしかに、諸事象の多様かつ微妙なニュアンスを捉えようとしている。しかし、ヘーゲルのアプローチはうまくいっていない」というものだ。ここで言うヘーゲルのアプローチとは、全体の中での諸事象の配置を見ることで、その微妙なニュアンスを捉えようとするアプローチである。

これに対して批判者は、全体の中に配置するのではなく、諸要素をそれだけで取り出してよく見ることによってのみ、諸事象の多様なニュアンスは捉えられる、と主張することができるかもしれない。こうした批判であれば、ヘーゲルが同一性や全体に注目することの意味を適切に捉えた上での批判として評価できる。これに対してヘーゲルの側からは、本書ではすでにお馴染みの「直接」と「媒介」の区別に訴えて、批判者は直接的に捉えられたものにこそ真理があるという幻想にとらわれている、と再反論できるかもしれない。すでに本書の範囲を超える議論に踏み込んでいるためこれ以上深入りしないが、ここには生産的な論争の余地があるように思える。

二　生命の三つの流動性

生命と論理学の流動性

驚くべきことに、ヘーゲル論理学には、生命を論じた箇所がある。論理学の本で生命論を扱うのは当時としても型破りだったようで、ヘーゲル自身も論理学でなぜ生命を取り扱わねばならないのかということについて紙幅を割いて論じている。この『大論理学』における生命論の重視も、ヘーゲル哲学において流動性がいかに重要かを示していると言える。本節ではこの生命論について論じたい。

ヘーゲルの生命論が流動性となぜ関係するかは、論点を三つに分けることで理解しやすくなる。第一に、生命を持った有機体が流動性を持つためである。第二に、生物と外界との関わりにおいて、両者の境界が流動的になるためである。第三に、生物が繁殖して種を形成することに、生物個体の流動性を見ることができるからである。以下、順を追って詳しく見てみよう。

生物は心と身体を持つ。ヘーゲル論理学の生命論は、これを指摘することから始まる。心は概念的なもの、主観的なものであり、普遍的なものである。他方、身体は非概念的なもの、客観的なものであり、個別的なものである。このように見ると、生命は「概念論」のテーマたる「普遍と個別の統一」を体現するものだと言える。命を持った生物においては、普遍的な心と個別的な身体が一体となっているからである。

この論点を理解するためには、近代哲学において展開された「心身問題」と呼ばれる問題を理解しておく必要がある。心身問題とは、心と身体のつながりをどのように説明するか、という問題だ。指摘するまでもないことだが、私たち人間の心と身体は密接につながっており、相互に影響を及ぼし合う。例えば私がいま自分の意志で立ち上がるとしよう。このとき、「立ち上がろう」と意志することは私の心のはたらきだ。それが原因となって、「立ち上がる」という私の体の動きが生じる。あるいは逆に、食べすぎてお腹に痛みを感じ、それによってつらい気持ちになるということがある。この場合には、「食べすぎ」という身体の状態が原因となり、その結果として「つらい気持ち」という心の状態が生じている。

この当たり前の事態の説明に、近代哲学は苦労してきた。なぜだろうか。ヘーゲルの議論を理解するのに必要な限りで、教科書的な整理をしておこう。事の発端は、デカルトが人の心とそれ以外の物体を峻別したことにある。人の心は、思考することをその本質とするが、空間内の一定の場所を占めることがない。他方でそれ以外の物体は、空間内の一定の場所を占めることを本質とし、思考することはない。このように心と身体を明確に分ける考え方を「心身二元論」と呼ぶ。

心身二元論は一見すっきりしているが、心身の相互関係の説明に問題を抱えている。私の心は思考するが、空間の中にない。逆に私の身体は、その他の物体と同じく空間内の一定の場所を占めており、思考しない。思考するのは私の心だけだ。両者のはたらきは全く異なる。心と身体という全く異なる二つのものが、相互に影響を及ぼし合うことはいかにして可能なのだろうか。

問題の所在をより明確にするために、通常の物体同士の因果関係と比較してみたい。私が指で照明のスイッチを押して、明かりがつくという場面を考えよう。「私が照明のスイッチを押すこと」と「明かりがつくこと」の間には因果関係がある。このとき、原因と結果の間には空間的なつながりがあるということが重要だ。私の指は照明のスイッチに接触し、スイッチは照明へとつながる導線に接触し、導線から照明までも空間的につながっている。これはほかの因果関係についても同様であろう。全ての因果関係について、このように原因から結果へと空間的なつながりをたどることができるはずだ。

しかし、心身二元論の考え方をとると、心と身体の間の因果関係においてはこのことが成り立たなくなる。心は空間の中に位置を占めないため、心と身体の間に生じる因果関係には、空間的なつながりがないということになるからだ。心と身体の間の因果関係だけが、空間的なつながりの例外になってしまうのである。この「心と身体の間の例外的な因果関係」をどう説明するかという問題が、「心身問題」と呼ばれて、近代の西洋哲学において繰り返し問われてきた。

ちなみに現代では、「心も実は脳の機能であり、空間内に位置を持つ」という方向でこの問題を解決しようとする哲学者が多数派となっている。この考えは、実際に心のはたらきの多くが脳のはたらきと結びついているという現代科学の知見に合致している。他方で、そのように考えてしまうと、デカルトが捉えようとした人間の心の特別さのようなものが捉えられなくなってしまうという批判もあり、現在でも論争は継続している。

心と身体の同一性

さて、ヘーゲルに戻ろう。ヘーゲルは心と身体は本当は同一なのだと考えた。しかもそれを、普遍と個別の同一性の問題の重要な一形態として捉えようとした。ヘーゲルの考えを再構成してみよう。生物の身体は、手や足、頭、内臓といったさまざまな個別的な部分を持つ。その個別的な部分は全て、一つの心によって結びついている。ここにヘーゲルは、普遍的な概念がさまざまな個別のものに当てはまるのと同じ構造を見ようとしている。

さらに詳しく説明しよう。ヘーゲルによれば、「生命が持つ客観性」すなわち身体は、「概念によって貫き通されている」。「その概念とは、客観性〔＝身体〕のうちに遍在する心である」(GW12, 181: 10-3, 二七九)。これが意味するのは、心は脳や心臓といった特定の場所にあるのではない、ということだろう。生物の身体は隅々まで心によって統合されているのだから、その隅々にまで心は行き渡っているはずである。現代風に言えば、心の諸機能を実現しているのは脳という特定の器官ではなく、むしろ、身体の全体によって、心のはたらきは成り立っている。このように考えるとき、心と身体の間には、普遍と個別と同様の関係がある。

ヘーゲルはこのことをさらに、有機体についての知見と結びつけて理解しようとしている。生物の身体は、諸器官が有機的に結びついた「有機体」である。この有機的な結びつきとは何か。それは、諸器官が互いを必要としているということである。ヘーゲルの言い方では、有機体は「手段」であり、同時に「実現された目的」でもある(GW12, 184: 10-3, 二八三)。これは有機体の諸器官が相互依存関係にあるということだ。例えば消化器官がはたらくためには、心臓が血液を循環させることが必要だ。この場合、消化器官が目的で、心臓が手段である。逆に心臓が血液を循環させるためには、消化器官がはたらいてエネルギーを取り込むことが必要だ。この場合は目的と手段の関係が先ほどと逆になる。このような相互依存関係が、有機体の諸器官の間には成り立っている。この相互依存による結合に、ヘーゲルは心のはたらきを見る。

こうした生命のあり方に流動性を見ることは容易であろう。心は心臓に宿るかと思えば消化器官にも宿り、肺や脳にも存在する、という仕方で、身体の全体を貫いている。また、心と身体の関係も流動的だ。心のはたらきはすなわち身体のはたらきであり、逆に身体がはたらくことはすなわち心が機能することだとされるからである。これが、ヘーゲルの生命論に見られる第一の流動性である。

生物と外界との関わり

生命の第二の流動性に関わる論点に移ろう。有機体内部の相互依存と心身関係について論じたあとで、ヘーゲルは生物個体と外界との関わりへと話題を変えている。生物と外界との関わりとして最も典型的なのは食物の摂取だ。生物は食べ物を見つけ、それを食べて栄養を摂取する。このとき、生物と外界との境界は流動的になる。これをヘーゲルは「生命過程」と呼んでいる。

生命過程は、「欲求とともに始まる」(GW12, 187; 10-3, 二八八)。生物は欠乏を感じ、もとの状態に戻って自己を維持しようとする。もっと平たく言えば、お腹がすいて何かが食べたくなるということだ。ヘーゲルによればこれは、世界を自らと同化しようとすることだ。

これによって、生命は衝動である。その衝動は生命にとって他者である世界を、自覚的に自己と同等なものとなし、それを廃棄し、また自らを客観化しようとする衝動である。

（GW12, 187; 10-3, 二八八）

「生命にとって他者である世界」とは、目の前の食べ物のことだ。生物はこれを食べて自らの一部とする。すなわち、「自己と同等なもの」とする。このとき、食べられてしまうものとしての「世界」の側から言えば、それは廃棄される。逆に生命の側から言えば、食べた物は栄養となる。これによって、生命の客観的なあり方としての身体が構成され、維持される。この意味で、摂食とは生命が「自らを客観化する」ことにほかならない。

なお、このはたらきの全体をヘーゲルは「衝動」と呼んでいるが、これは生命や心が自らの外へと突き動かされるはたらきを指す専門用語で、ヘーゲルの時代にはしばしば用いられた。ことさらに「衝動的に」ガツガツとものを食べる場合だけでなく、落ち着いて食事をする場面でもこの「衝動」ははたらいている。

生命過程が生物と外界の間に流動性をもたらしていることは、この引用からだけでも十分理解できるだろう。生物と食べ物は本来は別々のものである。しかし摂食によって、両者は同一のものとなる。つまり生命と外界の区別は流動的になる。しかもこのことは、世界の側から見ればその廃棄すなわち食べられて消滅することとして生じ、生命の側から見れば自らを客観的なものにすること、すなわち身体を作り維持することとして生じる。こうして両者の区別だけでなく、はじめに対峙していた生命と外界のそれぞれが、最終的に異なる形態をとることになる。これが、生命が持つ第二の流動性である。

生殖と生物種の形成

最後に、生命の第三の流動性を取り上げよう。ヘーゲルは、生命が生殖を通じて自己を再生産するという現象について論じる。生き物は単独では存在しない。同種のものと交尾し、子孫を残す。これによって自己と同じ種に属する個体を再生産する。ヘーゲルはここにも生物における普遍と個別の統一を見ている。

なお、ヘーゲルはこの再生産によって形成される生物のグループのことを「類」と呼んでいる。しかし、現代の生物学では複数世代にわたって子孫を残すことが可能な生物のグループは「種」と呼ばれる。両者は用語の上で外れているが、内容的には同じものだと考えて差し支えない。このため以下では、ヘーゲルの用語法を参照する場合にはカギ括弧つきの「類」を用いるが、それ以外の箇所では「生物種」という語を採用することにする。

さて、ヘーゲルの議論においては、生物の個体が「個別」であり、それらが集まってできる生物種が「普遍」にあたる。ヘーゲルによれば、「両性の生殖」によって、「類は現実性を獲得する」。生物は生殖によって増え、これによって生物種が形成される。このときに普遍的な「類」が単なる観念ではなく、現実に存在するものとなる。「個別的な個体」は死んでしまうものの、その産物として「実在化された類」が生じる。この「類」は「自己を概念と同一的なものとする」（GW12, 191: 10-3, 二九三）。すなわち、生物種とは概念そのものなのである。例えば一人一人の人間は死んでしまうが、ホモ・サピエンスという種は存続する。そしてこの「ホモ・サピエンス」とは、現実に存在するヒトの集団であり、かつ同時にヒトの概念そのものでもある。

このように生殖と生物種について考えるとき、個別と普遍の境界や概念と実在の境界が揺らいでくる。ここにも流動性が容易に見出せる。一体一体の生物個体と、その集合である生物種は生殖によってつながっている。また、「ヒト」「ライオン」「ジンベエザメ」のような生物種について考えるとき、それらはある意味では概念であるが、同時にある意味では実際に存在する生物の集団でもある。こうして概念と実在の区別も揺らぎ、両者の統一が達成される。これが、生命に関する第三の流動性である。

以上の議論によって、ヘーゲルがなぜ論理学において生命論を重視するのかは明らかだと言ってよいだろう。生命現象においては、三つのレベルで流動性が存在する。第一に、心と身体や、身体の諸器官相互の関係が流動的である。第二に、生物個体と外界の関係に流動性がある。第三に、生殖を通じた生物種の形成に流動性が見出せる。このように見ると、ヘーゲルが論理学において生命を重視するのは、生命の中にヘーゲル哲学を貫くモチーフとしての流動性があるからだとわかるはずだ。しかもその流動性は、普遍と個別の間の流動性の一つの形態だと見なされているのである。

ヘーゲルの生命論をどう評価するか

最後に、ヘーゲルの生命論をいかに評価すべきかという問題に触れておきたい。近年のヘーゲル研究において、生命論はにわかに注目を集めている。国際的にはカレン・エング『ヘーゲルの生命概念』（*Hegel's Concept of Life*, Oxford University Press, 2020）が話題となり、日本でもヘーゲルの生命概念に関する論集（大河内泰樹・久冨峻介編『生命と自然――ヘーゲル哲学における生命概念の諸相』法政大学出版局、二〇二四年）が出版された。しかし実を言うと私は、ヘーゲルを理解するために生命概念を理解することが重要であることには同意するものの、本書で扱ってきた他のヘーゲルの議論と比べると、生命論は哲学説としての深みと精彩に欠けるという印象を拭えずにいる。

例えば、普遍的な概念と個別的なものの関係と、心と身体の関係にはたしかに似たところがあるが、しかし完全に同一であるとは言えないはずだ。そこにあるのはせいぜい「なんとなく似ている」というアナロジー的なつながりでしかない。また、当然ながら、ヘーゲルは二〇〇年前の生物学の知見しか持ちえなかったのであり、現代の生物学や脳科学、認知科学の成果に照らしてヘーゲルの議論がどこまで妥当性を持つかは慎重に検討される必要があるだろう。さらに、生命が持つ三つの流動性の相互関係も曖昧である。いずれも「生命」に関わり、かつ、一見すると別々の二つのもの（心と身体、生物と外界、個体と生物種）の区別が揺らぐという共通点を持っているものの、より細かく見れば全く別の現象であるとも言える。こうした点からも、ヘーゲルの生命論が哲学説として精緻さを欠くという印象は否めない。

そうは言っても、先述の通り近年は生命論を再評価する機運が高まっており、私のような否定的な評価はむしろ少数派になりつつある。ヘーゲルの生命論をいかに評価すべきかについては、さらなる研究の蓄積が必要とされていると言うべきだろう。

いずれにしても、生命論や有機体論がヘーゲルにとって重要な発想源であったことは明らかだ。本書としては、ヘーゲルが流動性の哲学者であるという見地に立つことで、ヘーゲルがなぜこんなにも生命を重視したか、また『大論理学』の中でも一つの章を割いて論じているのかが容易に理解できるようになる、ということを改めて強調することで満足したい。

三　概念の流動性と弁証法

弁証法と二つの対処法

ヘーゲル哲学から流動性という特徴を際立たせる本書の歩みにも終わりが近づいてきた。最後に取り扱うテクストは、『大論理学』全体の終結部にあたる「絶対的理念」というタイトルの章である。この箇所で目を引くのは、弁証法とは何かということについてのまとまった言及があることだ。そうはいっても、いわゆる「正反合」の図式が展開されることはもちろんない。そのような図式に当てはめるのではなく、流動性という特徴に注目することで、弁証法とは何かという問題の見通しもよくなる。

ヘーゲルは哲学史の中で弁証法的な事態がどのように扱われてきたかを確認しながら議論を進めている（なお、このことからも、ヘーゲルは「弁証法」という方法論を自分が新たに開発したとは考えていなかったことがわかる）。さしあたりヘーゲルが弁証法ということで念頭に置いているのは、対象と認識の間に矛盾が生じるような事態である。特にそれが避けがたいものと感じられる場合や、広範にわたって矛盾が生じると感じられるような場合について、ヘーゲルは古代哲学を参照しながら論じている。
ヘーゲルによれば、弁証法の取り扱い方は、典型的には二つの道に分かれる（GW12, 243; 10-3, 三六八）。第一の道は、対象と認識の齟齬から、対象そのものの否定へと向かう道だ。そして第二の道は、認識そのものの否定へと向かう道だ。ヘーゲルはそれぞれを紹介した上で、両方の道を却下する。順に見ていこう。
第一の道の代表者としては、古代ギリシャのエレア派が取り上げられている。エレア派の代表者であるゼノンは、さまざまなパラドックスを提示したことで知られる。ヘーゲルが論及しているのは、運動の否定である。私の言葉で簡単にまとめれば、これは次のような議論だ。

ある物体が運動しているとする。運動している物体は、ある特定の位置にあるはずだ。しかし、ある特定の位置にあるならば、その物体は静止していることになる。したがって、物体が運動するということは不可能である。

狐《きつね》につままれたような気分になる議論だが、この議論の成否を論じることは本書の目的ではない。対象の側に矛盾を帰属させ、それを却下するとはどういうことかが理解できれば十分である。この「運動は存在しない」というゼノンの議論においては、矛盾が生じたときに、議論のどこかに穴があったのではないかといった仕方で、認識者の側の落ち度が疑われるのではなく、対象の側に生じているはずの運動そのものが疑われ、否定される。これこそ、対象そのものを拒絶することで弁証法に対処する道の代表例として、ヘーゲルが挙げるものである。

第二の道としては、懐疑論が挙げられる。懐疑論にはいくつかのバリエーションがあるが、共通するのは「私たちは対象について知ることができない」という考え方である。最も全面的な懐疑論を採るなら、私たちは何も知ることができないのだから、確信を持って何かを主張することそのものを控えるべきである、と主張することになる。このタイプの全面的な懐疑論は、古代ギリシャのピュロンにしばしば帰属させられる。これが、認識そのものへの拒絶へと向かう第二の道である。

概念の中の弁証法

ヘーゲルは右の二つの立場を退ける。その上で彼は第三の道を提示する。それは、概念の中に弁証法を運動として取り込むという道である。少し複雑なので、ここに含まれる二つの要素を選《え》り分けながら説明を試みたい。その二つの要素とは、第一に「弁証法を概念の中に取り込む」というものである。そして第二に、「運動として取り込む」というものである。

まずは第一の要素について詳しく説明しよう。ヘーゲルの第三の道では、弁証法は概念の中に取り込まれる。このため、対象や認識のいずれか一方を拒絶するということがない。対象でも認識でもなく、それらにとって中立な「概念」の中に矛盾があるとされる。あるいはヘーゲルの独特の用法を考慮すれば、「概念」は対象と認識の両方を含み込むものであるから、弁証法的な矛盾は、対象と認識の両方にまたがる形で共有される、という言い方も成り立つだろう。

次に第二の要素について考えたい。概念の中に弁証法を取り込むのであれば、第一・第二の道と同様に、概念そのものが拒絶されるように思われるかもしれない。しかしヘーゲルはそうした道を選ばない。そうではなくて、弁証法は「運動」として捉え直される。つまり、対象と認識の矛盾という弁証法的な事態にぶつかっても、単純に否定的な結論を出さないというのがヘーゲル的な対処法である。ヘーゲルは、第一と第二の道はいずれも、「弁証法は否定的な帰結しか持たない」という「根本的な先入見」を共有していると言う（GW12, 243: 10-3, 三六九）。ヘーゲルの立場は、この先入見を免れるものとして構想されている。

対立の無害化

以上からヘーゲルが進もうとする方向はわかった。ヘーゲルにおいて弁証法は、対象でも認識でもなく概念に関わるとされる。しかもそれは、概念の拒絶という単純な否定的な帰結を持たない。概念は弁証法的対立を取り込みながら、放棄されることなく存続する。しかし、なぜそのようなことが可能なのだろうか。ことによるとヘーゲル哲学は、単純に矛盾をそのまま抱え込むことになってしまうのではないだろうか。

私の考えでは、この最後の疑問に対する答えは、肯定と否定の両方となる。すなわちヘーゲル哲学はたしかに、対立や矛盾を積極的に抱え込もうとする。しかしそのとき、対立や矛盾についての捉え方が大きく変更される。したがっていわばヘーゲルは、対立・矛盾を無害化した上で取り込もうとするのだ。それでは、対立・矛盾の無害化はいかにして可能なのだろうか。

ヘーゲルは彼の論理学の中にその具体例があるとしている。この箇所で挙げられる例は二つある。一つは有限と無限の対立の例であり、もう一つは、普遍と個別の対立の例である。第四章で論じたとおり、ヘーゲルの考える「真無限」においては、無限と有限は対立せず、無限は有限なもののうちにあるとされた。あるいは本章で論じてきたとおり、普遍と個別も一見対立するが、実は同一のものなのだとされた。

これらの議論は、「異なるものが同時に同一でもある」という仕方で対立を抱え込んでいる。しかしヘーゲルはこれらの対立は有害な矛盾ではないのだと言う。

確固たるものとして想定されたあらゆる対立、例えば有限と無限の対立や、個別的なものと普遍的なものの対立といったものは、決して外的な結合を通じて矛盾しているわけでは

ない。むしろ、それらの本性についての考察が示すとおり、それらは移行するものなので
あり、このことはそれら自身に即して明らかになっている。（GW12, 244; 10-3, 三七〇）

この引用によれば、論理学において扱われた概念間の対立は、「外的な結合」による矛盾ではない。したがって、いわば悪性の矛盾ではない。そうではなくて、有限と無限や個別と普遍の対立は、移行するということ、まさにそうした移り変わりという事態そのものとして捉えられなければならない。これは本書で何度も強調してきた流動性そのものである。ここでは対立は、流動的な本性を指し示すものとして捉えられることで無害化されるのである。[*7]

これは、ヘーゲルの弁証法論の根本に流動性があるということである。ヘーゲルは弁証法的な対立を固定的なものと見ずに、それを流動化させる。論理学において現れる対立は、その本性からして相互に移行し、運動するものと見られる。これがヘーゲルによる弁証法的対立への対処である。

ヘーゲル哲学の流動性とその評価

これまで本書では、『精神現象学』と『大論理学』というヘーゲルの二つの主著を読み解きながら、流動性がヘーゲル哲学の根本的な特徴であると論じてきた。六章にわたってヘーゲル

とともに歩んできた私たちの旅はここで一区切りとなる。本書の旅はヘーゲルのテクストを離れてもう少し続くが、これまでの歩みをここでいったん振り返っておこう。

第一章から第三章までは『精神現象学』から、ヘーゲル哲学の流動性を示すテクストを取り上げた。そこでは、先哲の積み重ねの上に議論を展開する近代以後の哲学の責務として「流動化」が掲げられていた。また、認識や科学的探究の場面でも、行為や社会的実践に関わる場面でも、ヘーゲルが流動的な思考を展開していることを見た。

第四章から第六章では、『大論理学』を扱った。『大論理学』においては、さまざまな概念が流動化させられることが確認できた。順に挙げれば、存在と無、現存在、有限と無限、本質、根拠、偶然性と必然性、普遍と個別、生命についての議論をそれぞれ取り上げ、流動性という観点から整理した。そして、これら全てに通底する、弁証法的対立を流動性に着目することで無害化するというヘーゲルの方針を示した。

以上の議論は、「全てを同一性に閉じ込める静的な哲学」というヘーゲル哲学の通俗的なイメージを覆すに十分である。それだけでなく、「全てをラディカルに流動化させる動的な哲学」という、新たなヘーゲル哲学のイメージを打ち立てることもできたと私は確信している。そしてこうした見方を裏づける叙述が、ヘーゲルの二つの主著の中には十分すぎるほど存在していることも説得的に示せたのではないかと思う。

最後に、こうしてイメージを刷新されたヘーゲル哲学になお指摘できる限界について考えてみたい。それはヘーゲルの思想の「荒削りさ」にある。ヘーゲル哲学においては、ラディカルで破壊的とすら言えるアイディアが次々と繰り出される。「近代哲学の完成者」という通俗的なイメージとは正反対だ。その叙述はしばしば言葉遊びのようなレトリックや、大胆なアナロジーを駆使して展開される。このため、論理的な精緻さがしばしば二の次となってしまっている。したがって、細かく見れば「ツッコミどころ」が多々あることは否めない。私たちはヘーゲルを神聖視・絶対視せず、この「荒削りさ」を心に留めておくことで、ヘーゲル哲学との適切な付き合いを模索していかなければならない。

最終章となる次章では、ヘーゲル哲学をめぐる現代の諸解釈を取り上げる。それらはさまざまな仕方でヘーゲル哲学への誤ったイメージを払拭しつつ、ヘーゲルの叙述につきまとう「粗さ」を補い、ヘーゲルのラディカルなアイディアを現代に再生しようとする試みとして理解することができるはずだ。

第七章　ヘーゲル的流動性と現代哲学

現代哲学の中のヘーゲル

第六章までは、『精神現象学』と『大論理学』という二つの主著でヘーゲルが論じていることの中から、ヘーゲル哲学の流動性を取り出してきた。最終章となる本章では趣向を変えて、現代の哲学者たちによるヘーゲル解釈を取り上げたい。彼女らの議論を見ることで、現代のヘーゲル解釈や、その上に展開される現代哲学を読む上でも、ヘーゲル哲学が徹底的に流動的な哲学であると理解することは重要だとわかるはずだ。

ところで、一口に現代哲学と言っても、そこにはさまざまな流派がある。中でも二〇世紀以後に展開されてきた現代哲学を捉える際には、「分析哲学」と「大陸哲学」という二つの研究伝統を区別することで見通しがよくなる。分析哲学とは、主としてイギリスやアメリカで展開されてきた研究伝統である。その特徴は、言語や論理を重視するという点にある。これに対して大陸哲学とは、主にヨーロッパ「大陸」に位置するフランスやドイツで展開されてきた研究伝統であり、現象学や精神分析学、構造主義、ポストモダンといったさまざまな流派の総称である。

もとよりこの区別は哲学という営みにとって本質的なものではなく便宜的なレッテルにすぎない。また、本来はこうした区別は乗り越えられてしかるべきものである。イギリスからフランスとドイツを見た際の呼称である「大陸（コンチネンタル）」が用いられている点で、この呼称は「イギリス寄り」でもあり、その点で完全には中立的とも言えない。とはいえ、事実として分析哲学の文献では大陸哲学が参照されることは少なく、逆もまた然《しか》りである。こうした文献同士の相互参照や人的交流のネットワークの上で、現代哲学には事実上二つの研究伝統が存在しているのだ。

これらの研究伝統において、ヘーゲルはどのように扱われてきたのだろうか。実のところ、いずれの研究伝統においても、ヘーゲルは二〇世紀においては長らく批判の対象となってきた。しかし二〇世紀の終わりごろから潮目が変わり、最近では、いずれの伝統においても、一部でヘーゲルの再評価が進んでいる。本書ではそうしたヘーゲル再評価の流れの中でも特に代表的なものとして、大陸哲学の流派に属するカトリーヌ・マラブーのヘーゲル解釈と、分析哲学の潮流に属するロバート・ブランダムのヘーゲル解釈を取り上げたい。

一　マラブーと「可塑性」

マラブーのヘーゲル解釈とハイデガーのヘーゲル批判

カトリーヌ・マラブー（一九五九〜）は、『ヘーゲルの未来――可塑性・時間性・弁証法』（一九九六年、邦訳二〇〇五年）において、「可塑性」という語に注目しながら、ヘーゲル哲学の再構成を試みている。この研究においてマラブーは、マルティン・ハイデガー（一八八九〜一九七六）によるヘーゲルの時間論への批判を乗り越えて、ヘーゲル的な時間論を彫琢《ちょうたく》することを試みている。この試みを追うために、まずはヘーゲルの時間論と、それへのハイデガーによる批判を素描しておこう。

ヘーゲルは後期の著作である『エンチュクロペディー』の「自然哲学」の中で時間について論じている。それによれば、時間は「自己に対して措定された否定性」である（第二五七節）。時間が過去から未来へと流れるとき、そのつどの「今」が今でなくなるということが生じる（第二五九節）。こうして「今」という時点は、常に自分自身にとって否定的なものである。抽象的で難解な議論だが、さしあたり「今」が次々と否定されて「今」でなくなる、というイメージで時間が語られているということを押さえておこう。

ハイデガーはこれをどのように批判するのだろうか。ハイデガーは主著『存在と時間』において、ヘーゲルの時間論を批判して「全面的に通俗的な時間了解の方向のうちで動いている」と指摘する。なぜなら、ヘーゲルの時間論において、時間は「目の前にあるものとして直観されうる」ものとして扱われているからである[*1]（第八二節）。つまり、目の前の「今」が自己を否定しつつ過ぎ去ってゆく、というイメージがヘーゲルの時間論の根底にあるということを、ハイデガーは「通俗的」だとして批判している。

なぜヘーゲルの時間論は通俗的で問題あるものとされるのだろうか。これを理解するには、ハイデガーの時間論について知る必要がある。といっても、ハイデガー哲学の核心とも言える時間論をここで詳細に再構成することは不可能だ。ここではヘーゲルへの批判を理解するのに役立つ限りでハイデガーのポイントを取り出しておこう。

ハイデガーは、人間主体（ハイデガーの用語では「現存在」）の対象への関わり方を「気遣い」として特徴づける。その上で、「時間性」は、「気遣いを可能にする」ものだとされ、「気遣い構造の根源的な統一は時間性にこそある」とされる（第六五節）。そのようなものとして、時間性は、存在について知ることのできる存在者たる人間主体（＝「現存在」）の「存在の意味」を明らかにするものである。ハイデガーは、ヘーゲルの時間論は、時間性が持つこの特徴を捉え損ねていると指摘する。ハイデガーにとって、時間性は現存在のあり方そのものであり、ヘーゲルが考えているような、目の前に見出される対象ではないのだ。

マラブーの挑戦

マラブーはハイデガーによるこの批判に正面から反論することを試みている。いわば「ヘーゲルによるハイデガーへの反批判」を、ヘーゲルのテクストから再構成しようとするのだ。その再構成は、時間が持つ「可塑性」を主張することでなされる。『ヘーゲルの未来』の結論部から引用しよう。

> ヘーゲルの時間概念の可塑性は、ハイデガーがこの同じ概念に投げかけた通俗性という非難に対する返答を用意する、秘密の抵抗の核心ではないのだろうか。／私が証明してきたのは、時間性をもたらす可塑性があるかぎり、ヘーゲルの時間性の分析を「平板化された時間」という世界の枠組み〔…〕のなかに一挙に押し込めてしまうことはできないということだった。[*2]
>
> （二八三）

難しい文章だが、可塑性という概念に注目することで、ハイデガーのヘーゲル批判に対抗しうる「ヘーゲル的時間論」の再構成が可能になるとマラブーは主張している。

ここで問題になるのはもちろん、可塑性とは何かということだろう。ほかの箇所でマラブーは、「可塑性」には「形を受け取ること、および与えること」の二重の意味があると言う（三三）。さらに、ヘーゲルにおいては「実体がそれ自身の内容を受け取り、かつ与える能力」が「実体の可塑性」であり、この意味で「自己規定」が「根源的に可塑的な作用とみなされる」とされる（三六）。

まだ難しいので、もう少しパラフレーズしておこう。可塑性とは、形を与え、受け取る能力である。この意味で例えば彫刻家は、形を与えるという意味での可塑性を持ち、塑像の素材となる粘土は、形を受け取るという意味での可塑性を持つ。ところで、形を与えるのも受け取るのも自分自身であるという場合を考えることができる。この場合、可塑性とは、自分自身に形を与え、自分自身でそれを受け取ること、となる。さらに私なりにこれを言い換えれば、「ある形をとったかと思えば、また変形して別の形をとることもできること」と理解できる。つまり何かが可塑的であるためには、そのものは「変形しうる」と同時に「一定の形をとりうる」のでなければならない。マラブーによれば、ヘーゲルはこの世界を形作るものとしての実体が、まさにそのようなものだと考えた。多少の論理的飛躍を冒してさらに解釈すれば、ヘーゲル哲学においては全てが変幻自在にさまざまな形をとりうるということだ。

時間概念をめぐる先ほどの引用に戻ろう。ヘーゲルの時間概念が可塑的であるということは、ヘーゲルの時間概念は変形しうると同時に一定の形をとりうるようなものでもある、ということだ。これがハイデガーのヘーゲル批判に対抗するための鍵になるとマラブーは主張している。なぜだろうか。それはおそらく、主体の存在の意味を明らかにするものとしてのハイデガー的な時間性をよりよく理解するために、時間性が変形しうることと一定の形をとりうることの両方が必要だからである。

さらに私なりに解釈を試みると、時間性が可塑的であるとは、時間は過去から未来へと自らを抜け出るという意味で変形しうると同時に、束《つか》の間《ま》の現在を構成するという意味で一定の形をとりうるのでもなければならないということだ。さらにはそれが主体の存在の意味であるということは、主体は常に転変しつつ、そのつど、一定の姿をとりうるものでもなければならないということだと考えられる。過去の私と未来の私は異なるが、それでも私という存在が不定形であるわけではなく、そのつどの私は一定の何者かであるのでなければならないからである。

ハイデガーとヘーゲルのすれ違い

マラブーの議論の面白さは、ハイデガー的な枠組みの中にヘーゲル的な要素を持ち込もうとするところにある。しかし、私はこうしたヘーゲルの取り扱いには違和感を覚えてしまう。なぜならヘーゲルはそもそも、「主体の存在の意味とは時間性である」というハイデガーのテーゼを受け入れないと考えられるからだ。ハイデガーはより根本的なところでヘーゲルとすれ違っている。いったんマラブーを離れて、ハイデガーの批判にヘーゲルからどう応答できると私が考えているかを論じておこう。

そもそもハイデガーが時間に着目するのは、それが「いっさいの存在了解とあらゆる存在解釈の地平」だからである（第五節）。ハイデガーによれば、気遣いの意味としての時間性を取り出すことによって、「現存在の実存論的な根本体制の現象的な存立の全てを、現存在に固有な存在論的了解可能性の最終的な基礎において把握する」ことができる（第六一節）。ハイデガーの言葉遣いは難解だが、ここではその真意を完全に明らかにすることは目指さず、ヘーゲルとの違いを明確にすることだけに集中しよう。ハイデガーは時間を「地平」と考え、また時間性が「究極的な基礎」を与えるとしている。たしかに、こうした前提に立つならば、ヘーゲルの時間論は大いに不満が残るものとなるだろう。

しかしヘーゲルはそもそも時間にそのような位置づけを与えていない。そのことは、ヘーゲルの時間論が「自然哲学」の一部として展開されているということから明らかである。「自然哲学」は、存在や思考について論じられる「論理学」とも、主体や精神について論じられる「精神哲学」とも区別されている。ハイデガーはヘーゲルの時間論が「自然哲学」の中で展開されることを正しく指摘してはいるのだが、そのことの意味をヘーゲルに即して理解しようとはしていないように思える。

もちろん、この位置づけの違いを考慮した上で、ハイデガーの側からの批判を再構成することも可能かもしれない。すなわち、ヘーゲルは時間が現存在の存在の意味を与えるものであることに気がつかなかったために、不当にも自然哲学の中でそれを論じることになったのだ、それがヘーゲルの時間論の通俗性の証左だ、と。しかし、この批判もヘーゲルにはあたらないと私は考えている。ヘーゲルは時間論を不用意に自然哲学に含めたのではなく、意図的に時間論と主体や思考についての議論を分けたと考える方が自然だからである。

私がそう考える理由は、ヘーゲルに先行するカント哲学の中での時間論の扱いにある。カントこそ、ハイデガー以前に時間を主体性の形式として位置づけた最も重要な哲学者である。ハイデガーもカントの『純粋理性批判』の「図式論」から強い影響を受けている。[*3] そしてカント哲学の影響下で哲学者としてのキャリアをスタートさせたヘーゲルも、当然カントの時間論について知っていたはずだ。それなのにヘーゲルはそれをあえて無視して、時間論を「自然哲学」の中に置いている。もちろんヘーゲルが尋常でなく鈍感だったという解釈も可能ではある。しかしそれよりも、カント的な時間論からヘーゲルが意図的に距離を置いていたと考えるのが自然ではないだろうか。こうしたヘーゲルの意図を汲まずに、ヘーゲルの時間論の位置づけを論難したり、その内容が通俗的だと論じたりしても、その批判は表面的なものにとどまらざるをえないだろう。ヘーゲルはまさに、時間は「通俗的な」仕方で扱われるべきであり、存在の意味のようなものを与えるものではない、と積極的に考えていたのだ。

それだけではない。この時間論の位置づけの違いは、ヘーゲル哲学とハイデガー哲学のより根本的な性格の違いに根ざしているように私には思われる。そしてハイデガー的な批判はそのことを見逃している。その性格の違いとは、ヘーゲル哲学は直接性を重視せず、むしろ媒介や流動性に重きを置くという、本書で何度も見てきた論点に関わる。

ハイデガー哲学は、「究極的な基礎」を目指すという性格を持っている。時間性が重視されるのもそのためであった。しかしヘーゲルは、究極的な基礎を目指すというプロジェクトそのものを評価しないはずだ。この意味でヘーゲルはそもそも、ハイデガー的批判の土俵に上がろうとしないはずである。なぜならハイデガーのプロジェクトは、直接性を重視する基礎づけ主義的なプロジェクトそのものだからである。本書で強調してきたとおり、ヘーゲルはむしろ直接的でないこと＝媒介されていることを重視する。これによって、直接的なものによる基礎づけというプロジェクトそのものを流動化させることを目指すのである。

マラブーに戻ろう。ヘーゲル哲学とハイデガー哲学の性格の違いがわかると、マラブーの試みがいかに挑戦的であるかもわかる。ハイデガーの時間論の枠組みの中にヘーゲル的な時間論を位置づけるというマラブーの試みは、ヘーゲルに忠実なものではありえない。ヘーゲルはハイデガー的な枠組みそのものを拒否しているからだ。私の考えでは、主体性の基礎や存在の意味としての時間性を取り出すのではなく、主体性とはどのようなものかということを、その形式と内容を分離しない形で思考することこそ、ヘーゲル的な仕方で哲学することだ。流動性にせよ、可塑性にせよ、それはあらかじめ取り出される形式や、事前に固められる基礎ではなく、事後的に見出されるものにすぎない。

他方で逆説的にここにマラブーの独創性を見ることも可能だろう。マラブーの可塑的時間論はハイデガーとヘーゲルの影響下にありながら、ハイデガー的でもヘーゲル的でもない。それをヘーゲル的でないという理由で批判することは容易である。しかし私たちはむしろそこに、ヘーゲル解釈の枠にとどまらないオリジナルな哲学へと一歩を踏み出すという、マラブーの健全な哲学的野心を見出すべきだ。マラブーは果敢に、独創性あふれる解釈を試みている。彼女の哲学の魅力の一つはそこにある。

二　ブランダムと「信頼」

ブランダムのプロジェクトと推論主義

前節では現代フランスの哲学者であるマラブーのヘーゲル論について見た。本節では、現代アメリカの哲学者ロバート・ブランダム（一九五〇〜）のヘーゲル論に光をあてる。ブランダムの哲学は、「言葉が意味を持つとはどういうことか」という問いから出発している。ブランダムによれば、言葉が意味を持つのは、私たちが意味を持つものとして言葉を用いるからである。言い換えると、言葉の「使い方」の中に、その言葉の意味が書き込まれているということだ。

例えば、「今日は雨が降っている」という文の意味について考えてみる。もちろんその意味とは、その日の天気が雨であるということだ。しかしこれは考えてみれば不思議なことである。単なる音声列や文字列が意味を持つということがいかにして可能なのだろうか。

ブランダムによれば、それは私たちがその言葉を道具として適切に使うことができるからである。「今日は雨が降っている」という文がどのように使われるかを考えてみよう。まず思いつくのは、その日の天候が雨であるということを主張して誰かに伝える、という用法であろう。つまり言葉は主張のための道具である。これは正しいが、この文の用法はそれ以外にもある。それは、「今日は傘を持って出かけるべきだ」という結論を導く推論を行う、という用法である。言葉があるからこそ推論が可能になる。つまり言葉は推論のための道具でもあるのだ。

ブランダムは特に後者の用法、すなわち推論の道具としての言葉の使用法に注目することで、言葉の意味についての体系的な理論を構築しようとしている。その立場は「推論主義」と呼ばれる。また、言葉や概念を道具と見なして、その使い方という観点から分析を加えるというブランダムの方針は、「プラグマティズム」というアメリカ哲学の伝統に属している。*4

ブランダムとヘーゲル

これまでのところ、ブランダムのプロジェクトはヘーゲルとは関係がないように思われるかもしれない。しかしブランダムはしばしばヘーゲルに言及しており、『信頼の精神――ヘーゲル『精神現象学』を読む』という大部の本まで書いている。八〇〇頁に達する『信頼の精神』では、全編を通して『精神現象学』の解釈が試みられる。なぜブランダムはこれほどまでにヘーゲルを重視するのだろうか。

ブランダムがヘーゲルを重視する理由は多々あるが、ここでは二つを指摘しておきたい。一つは、ヘーゲルの全体論的な考え方と、ブランダムの推論主義の相性が良いためである。ブランダムにおいては、言葉はほかの言葉との推論的な結びつきの中で一定の役割を持つ。他方ヘーゲルにおいては、概念がほかの概念とのネットワークの中で一定の役割を持つ。この点でブランダムの推論主義はヘーゲル的な立場なのである。

もう一つの理由は、「そもそも言葉を使うとはどういうことか?」という問いに答えるために、ヘーゲルの洞察が有用だからである。ブランダムは言葉の使い方から言葉の意味を説明しようとする。この説明を成功へと導くためには、「言葉の使い方はどのように決まるのか?」という、もう一歩進んだ問いにも答えなければならない。この問いに答える上で、ヘーゲル哲学が力を発揮するのだ。

以下、本書では後者、すなわち「そもそも言葉を使うとはどういうことか?」を考えるという論点に注目し、ブランダムがヘーゲル哲学をどのように自分の理論に取り込もうとしているかを明らかにする。またそれを通じて、ヘーゲル哲学の流動性がブランダムの哲学にとっても重要な役割を果たしていることも明らかにしたい。

言葉の使い手になるには

ブランダムによれば、言葉は道具である。ところで、言葉に限らず道具には「正しい使い方」がある。例えばノコギリの正しい使い方は、木材のような繊維質で固いものを、真下よりもむしろ前後に力を入れて動かして切ることである。一方、包丁の正しい使い方は、軽く手前に引きながら真下に力を入れて切ることである。こうした使い方を知らなければ、これらの道具を使うことはできない。

ノコギリや包丁の正しい使い方は、その素材や形状によって決まっている。それでは、言葉の正しい使い方はどのように決まるのだろうか。ブランダムによれば、それは社会的に決まる。大まかなイメージとしては、人々はお互いの主張が正しいかどうかをチェックし合っており、それによって言葉を使うという私たちの実践が成り立っている、とブランダムは考えている。

とはいえ、これはもとより大まかなイメージにすぎない。複雑になるが、より詳しく見てみよう。ブランダムによれば、何かを主張する人は、その帰結となる別の主張をも同時に引き受ける用意があるのでなければならない。例えば「ヘーゲルは哲学者である」と主張するならば、「ヘーゲルは人間である」という主張も引き受けなければならない。この「何を一緒に引き受けなければならないか」についての評価は人々の間で相互になされる。そうした評価のことをブランダムは「スコアつけ」と呼んでいる。私が「ヘーゲルは哲学者である」と主張するのを聞いた他者たちは、私が「ヘーゲルは人間だ」とも考えているはずであり、「ヘーゲルは猫だ」とは考えていないはずだと考える。相互評価を含むこの言語使用という営みのことを、ブランダムは「言説的実践」と呼んでいる。

言語の使い方が言説的実践の中での相互評価によって決まるということは、言語を使うためには、言説的実践に他者とともに参加していなければならないということだ。これは、スポーツやゲームの比喩で考えると理解しやすいだろう。野球をプレイしていなければ、ホームランを打つことはできない。王手を指すためには、将棋を指していなければならない。同様に、言語を使って何かを主張するためには、言説的実践に参加していなければならない。

それでは、そもそも言説的実践に参加しているかどうかはどのように判定されるのだろうか。ブランダムは、言説的実践に参加する主体が、「権威」と「責任」を持っているということに注意を促す。「権威」とは、自分の発言の正しさを他者に認めさせる力のことである。通常私たちは誰かが何かを言ったとき、それを正しいものとして受け入れる。もちろん疑ったり反論したりする場合もあるが、それは例外的な状況だ。どんなに疑い深い人でも、他人の主張の全てを疑っていては、まともに会話に参加することはできない。ときには疑うことも必要だが、それでも正しいと見なす方が基本であり、疑うのは例外である。

とはいえこのことはもちろん、疑いや反論の可能性を封じるものではない。特に、多くの人によってこれまでに正しいと認められてきたことに反するような主張をすれば、反論にさらされる。例えば私が「太陽は地球の周りを回っている」と主張すれば、「そうではない、地球が太陽の周りを回っているのだ」と反論されるだろう。

反論されたなら、私はなぜ自分が当該の主張をしたのか、その理由を述べなければならない。つまり、何かを主張することは、反論されたときに理由を述べることへの「責任」を伴っている。例えば私は、「だってさっきは東にあった太陽が西に動いているじゃないか」と、「太陽は地球の周りを回っている」と考える理由を述べる。これに対して反論者はさらに「自分が電車に乗って動いているときに、静止したビルがまるで動いているかのように見えるのと同じように、地球の方が動いているときに、静止した太陽がまるで動いているかのように見えるのだ」とか、「太陽の周りを地球が回っていると考えた方が、地球から見たときの火星の見かけの動きをうまく説明できるのだ」といった、反論の理由を提示する。こうした反論に納得したなら、私は最初の主張を取り下げなければならない。

ここまでをまとめておく。言語は道具であり、その使い方は、言説的実践に参加する人々の間の相互評価によって決まっている。言説的実践に参加する人々は、自分の主張の正しさを他者に認めさせる権威と、反論されたときに理由を述べ、反論に納得したならば主張を撤回するという責任を負う。私たちの言語使用には、このような構造がある。

なお、以上の説明はブランダムの理論の全てを詳細に論じたものではなく、一部に不完全なところが残っている。しかし本書ではそこには踏み込まず、ブランダムの中にヘーゲル的な流動性がどのように組み込まれているかという議論へと進みたい。

言説的実践の変動

ヘーゲル的な流動性とブランダムの理論の関係を見る上で重要なのは、言説的実践が変動しうるということである。一度は言説的実践の参加者たちによって正しいと認められていたことが、あとになって間違っているとわかることがある。人類の長い歴史を振り返れば、こうしたことはむしろ普通のことだ。多くの人に信じられていた天動説は現在では間違いだとされ、地動説の方が正しいと見なされている。あるいは、伝染病の流行は妖怪の仕業ではなく、細菌やウイルスのせいだと考えられるようになった。このように、人類の歴史は、過去に正しいとされてきたことの誤りが暴露されることとの連続であったと言える。

しかしこのことをあまり悲観的に捉える必要はない。ブランダムは、私たちの言説的実践の中に、あとになって誤りが判明しうるような仕組みがいわばビルトインされていると主張する。つまりブランダムは、言説的実践が変動する可能性をポジティブに捉えようとしている。ブランダムの理論のこの側面には、ヘーゲル的な流動性と通底するものがある。

ブランダムは、誤りが将来的に判明する可能性を認めながら、それでも現時点で自分が正しいと思うことを主張することを、「告白」と呼んでいる。これは他者に反論の「権威」を認め、かつ、自ら反論に答える「責任」を引き受ける態度だとされる。この告白は、同時代を生きる他者だけでなく、未来の他者にも向けられることがある。未来に向けられた告白をブランダムは特に「信頼」と呼ぶ。

　私たちは、自らの誤りの可能性を認めるだけでなく、他者の主張を再構成して、なるべく正しいものとして解釈しようともしている。これは他者に権威を認めつつ、再反論に応答する責任を引き受けることである。このことをブランダムは「赦《ゆる》し」と呼ぶ。「告白」は未来の他者にも向けられ、それが「信頼」と呼ばれたが、「赦し」は逆に過去の他者にも向けられうる。過去の他者に向けられる「赦し」は、「想起」と呼ばれる。

　抽象的な話が続いたので、具体例に当てはめてみよう。哲学書を書くことは、まさに同時代の他者に「告白」し、未来の他者への「信頼」を表明することである。私は本書でヘーゲル哲学には流動性という特徴があると主張してきたが、この主張は同時代と未来とを問わず、読者の皆さんからの反論に開かれている。ヘーゲル哲学が流動性という重要な特徴を持つと私は確信し、そのことに自信を持ってもいるが、それでも誤りの可能性が全くないと言い切るつもりはない。もしそう言い切ってしまえば、私は「告白」に失敗しており、それゆえうまく言説的実践に参加できていないことになるだろう。

　そして、哲学書を読むことは、過去の著者に「赦し」を与え、また著者を「想起」することである。ここでも本書で私がしてきたことを例に挙げることができるだろう。私は本書において、ヘーゲルの著作を読み、その合理的な再構成を試みてきた。ときにはヘーゲルの議論が論理的にうまくつながっていない箇所を指摘しつつも、なるべくヘーゲルの真意を汲み取ろうとしてきた。これが「想起」の実践にほかならない。

こうした信頼と赦しによって、言説的実践は未来へと引き継がれる。言語を用いるという私たちの営みには、誤りが判明して訂正される可能性が担保される。この意味で私たちの言説的実践は、流動性と連続性の両方を保ちながら未来へと引き継がれる。これによって人類は言説を発展させることができるのである。

ブランダムはこのことを、ヘーゲルからの引用に託して述べる。

精神の傷は癒え、あとに傷跡を残すことがない。なされたことは、不朽のものではなく、それは精神によって自己のうちに取り返される。その個別性の側面は、意図としてであろうと、実在する否定性として、すなわちまた意図の制限としてであろうと、その傷において現前するものだが、その傷は直ちに消えてなくなるようなものである。

(*A Spirit of Trust*, 600; GW9, 360-361; 下三七四)

「精神の傷」が存在すると認めること、かつそれが傷跡を残さずに癒えると考えることは、ヘーゲル的流動性の一形態といえる。ブランダムにおいては、未来の他者を「信頼」して誤りの可能性を「告白」することが傷であり、「想起」によって過去の他者の主張を再構成することがその傷を癒やすことである。こうして言説的実践という「精神」は、過去の誤りをも取り込みながら、より誤りの少ないものへと発展することができる。ブランダムはここに、言説的実践の歴史的な発展を支える「信頼」と「想起」の構造を見出している。

なお、この引用は、本書では第三章で紹介した『精神現象学』の良心論からのものである。「告白」「信頼」「赦し」「想起」という四つの用語も、ブランダムが『精神現象学』から借用したもので、「告白」と「信頼」については本書でも触れている。合わせて再度確認してほしい。

ブランダムへの評価

ブランダムは、現代の言語哲学の中にヘーゲル哲学を蘇《よみがえ》らせた。その技量は卓越しており、彼が提唱する推論主義は斬新で魅力的な立場として多くの支持者を集めつつある。また、ブランダムのヘーゲル解釈は、本書で強調してきた流動性のほか、他者との社会的な交わりの中で主体を捉える点や、過去の歴史とのつながりを重視する点など、ヘーゲル哲学の勘所をうまく捉えながらアレンジしたものとなっている。

一方で、あらゆる哲学の議論がそうであるように、ブランダムの議論にも難点がないわけではない。ここではそれらの難点を、ヘーゲルから引き継がれた、「ヘーゲル的でありすぎる」がゆえの難点と、ヘーゲルからの逸脱のゆえに生じている難点に分けて指摘しておきたい。これはブランダム哲学だけでなく、ヘーゲル哲学の理解にも役立つはずだ。

前者の、「ヘーゲル的でありすぎる」がゆえの難点とは何か。それは、ブランダムの結論があまりにも楽観的に見える、ということである。「信頼」と「想起」をめぐって展開されるブランダムの議論には、人類の歴史の進歩を前提としているところがある。ブランダム自身も、自分の議論が「ホイッグ的」、つまり進歩史観的であることを認めている。本書ではあまり触れてこなかった論点だが、ヘーゲル哲学も、流動化の先にはポジティブな変化があるという楽観性に支えられているところがあり、この特徴が良くも悪くもブランダムに引き継がれていると言えるだろう。

「精神の傷」についての引用にしても、むしろ「傷跡を残さずに傷が癒えることなどありえない」というヘーゲル批判を呼んできた箇所である。その箇所を自らの議論の重要な論拠として引用していることは、ブランダムの哲学の進歩史観的な特徴を明らかにしている。

後者の、ヘーゲルから逸脱しているように見える点についてはどうか。ブランダムの哲学は、「信頼」と「想起」を重視している点では、たしかにヘーゲル的な流動性を引き継いでいると言える。しかし、『信頼の精神』全体の議論構成は、推論主義や承認などの重要な理論的主張や根本概念からほかの主張が導かれるという、数学や物理学のような演繹的体系をなしている。本書の第四章で見たように、このような数学的な体系を、ヘーゲルは避けようとしていた（一六四頁）。ブランダムとヘーゲルの関係を見る上では、この点に十分な注意が必要であろう。

現代のヘーゲル解釈と流動性

本章では、マラブーとブランダムのヘーゲル解釈を取り上げた。マラブーはヘーゲル哲学の「可塑性」に注目することで、ハイデガー的な時間論の中にヘーゲル哲学の要素を採り入れ、現代哲学に新たな展開をもたらそうとしていた。他方のブランダムは、言葉の意味をその使い方から考えるというプロジェクトの中でヘーゲルに光をあてていた。彼女らの解釈は、フランスとアメリカそれぞれの現代哲学の状況の中にヘーゲルを位置づけ、その中でヘーゲルを再生させる試みとしても興味深いものだといえる。マラブーの解釈は、ハイデガーの影響が色濃いフランス現代思想にヘーゲルを接続するものである。また、ブランダムの解釈は、プラグマティズムと言語哲学というアメリカ哲学の潮流にヘーゲルを接続し、高く評価するものとなっている。

最後に、ヘーゲルが流動性を重視した哲学者だということを理解しておくことで、マラブーとブランダムいずれのヘーゲル解釈も見通しがよくなる、ということをもう一度強調しておきたい。ヘーゲル哲学の流動的な性格は、その魅力の中心にあり、現代においても生き続けているのである。

三　さらなる流動化への道

新たなヘーゲル像

さて、この第七章は、本書の最終章である。最後に全体を振り返り、読者のさらなる学びのためのヒントを示したい。

本書の目標は、「西洋近代哲学の完成者」に代わる、新たなヘーゲル像を提示することだった。その新たなヘーゲル像とは、「あらゆるものに流動性をもたらそうとした哲学者」である。この目標を達成するために、全七章にわたって、さまざまな仕方で、ヘーゲル哲学の中の流動性に光をあててきた。

第一章から第三章では『精神現象学』、第四章から第六章では『大論理学』に光をあてて、これら二つのヘーゲルの主著を貫くキーワードとして「流動性」が取り出せることを示した。

詳細は第六章末尾でもまとめたため繰り返さないが、二つの主著において流動性がどれほど重要な位置を占めているか、本書を通読した読者の皆さんには実感していただけたのではないかと思う。

第七章では、マラブーとブランダムという、現代のフランスとアメリカを代表する哲学者による、ヘーゲル哲学から果実を取り出そうとする議論を紹介した。これらを通じて、現代のヘーゲル解釈のポイントを理解する上でも、ヘーゲル哲学が持つ流動性という特徴を理解することが有用であるということを示した。

「はじめに」で論じたように、ヘーゲル哲学が流動性を志向する哲学であるということを知ることで、難解をもって知られるヘーゲル哲学についてより深く学ぶための、大きな手がかりを得ることができる。皆さんにはぜひ、ここを「取っかかり」にして、ヘーゲル哲学、ひいては哲学全般へとより深く分け入ってほしいと願っている。

「流動性」を超えて

本書ではヘーゲル哲学を「流動性」によって特徴づけた。しかし、当然のことながら、ヘーゲル哲学はこの一言だけで汲み尽くせるようなものではない。ヘーゲル哲学には、これにとどまらない重要な論点がさまざまに含まれている。そうした面を探すことで、ヘーゲル哲学をより立体的に理解することができるはずだ。

そのためには、まずはヘーゲル自身の著作に触れてみて、自分の「ヘーゲル力」を測ってみよう。必要に応じて本書の叙述も振り返りながら、少しは理解できそうな箇所はどこか、逆に全く歯が立たなそうな箇所はどこか、考えてみよう（ヘーゲルに「難なく理解できる箇所」は存在しない。すらすら読める箇所がなくても根気よく読もう）。このとき、「全く歯が立たなそう」と感じられた箇所にこそ、本書を超えるためのヒントが含まれている。どんな叙述がまだ難しく感じられたか、いったん頭に入れておいて、ほかの入門書へと進もう。

「少しは理解できそうな箇所」が増えてきたら、本書で提示した私の解釈に、皆さん自身の解釈をぶつけるときだ。初めて読んだときには納得できたように思えたのに、読み直してみるとあまり納得できない箇所があるはずだ。もしそうなったら、そこにこだわってもう一度ヘーゲル自身の著作を読んでみよう。そうして、皆さん自身の解釈にたどり着いてほしい。

ヘーゲル哲学を超えて

本書をステップとしてさらに先に進むもう一つの方法は、ヘーゲル哲学そのものに疑いの目を向けてみることだ。本書では、「西洋近代哲学の完成者」というよくあるヘーゲルのイメージに代わるヘーゲル像を提示した。これは、ヘーゲル哲学を絶対確実な真理として称揚するためではない。そうではなくて、誤ったヘーゲル像に基づく批判を減らして、ヘーゲル哲学の急所を捉えた、真にヘーゲルを乗り越えるような批判を呼び込むためだ。

ヘーゲルが流動性の哲学者だとしたときに、依然として残るヘーゲル哲学の欠点はどこにあるのか。既存のヘーゲル批判のうち、どのようなものがヘーゲルにはあたらない批判で、どのような批判がより有効なのか。こうした観点からヘーゲル哲学とそれへの批判を検討して、ヘーゲルに挑戦してほしい。

私のあとに続く皆さんの批判によって、ヘーゲル哲学のさらなる可能性が示され、哲学がいっそうの発展を遂げること。それこそが、単に新たなヘーゲル像を提示するということを超えた、私のさらなる願いである。それは同時に、誰よりも流動性を追い求め続けたヘーゲル本人の願いでもあるに違いない。

あとがき

本書は私にとって三冊目の単著である。一冊目の『全体論と一元論――ヘーゲル哲学体系の核心』（晃洋書房、二〇二一年）は博士論文をリライトした著作で、本書第六章で扱った、ヘーゲルの大著『大論理学』の「概念論」を詳細に研究したものであった。二冊目の『ヘーゲル哲学に学ぶ　考え抜く力』（光文社新書、二〇二二年）は、こちらも主として『大論理学』をベースにしているが、大きく趣向を変えて、一般の方々、中でもビジネスパーソンの方々に哲学の魅力を伝えながら、ヘーゲル入門もできるようにすることを目指す、という少々トリッキーで野心的な著作であった。

これらの本に続く本書は、ヘーゲル哲学についての本格的かつオーソドックスな入門書を目指して書かれた。これまでの著作と比べると、難易度の面では、本書は二つの著作の中間にあたる。特に、『考え抜く力』と本書は、出版社も趣も異なるが、私のイメージの中では姉妹編である。本書を読んで少し難しく思われた方や、身近な事例との関係を考えてみたいと思われた方には、『考え抜く力』も覗いてみていただけると嬉《うれ》しい。そちらでイメージをつかんでから、本書に戻ってくるという読み方もできるはずだ。後述するが、本書の企画は『考え抜く力』執筆中にすでにスタートしていた。本格的な入門書として本書を執筆する予定があったからこそ、『考え抜く力』ではとにかくわかりやすさに振り切って注力することができたという側面もある。この意味でも本書と『考え抜く力』は補完し合う関係にある。

また、こちらはあまり多くないかもしれないが、本書では物足りない、もっと詳しくヘーゲルについて知りたいと思われた方は、『全体論と一元論』にも目を通していただけると嬉しい。といっても、私の著作ばかり読む必要はないし、むしろそれはおすすめできない。ヘーゲルについて書かれた著作は多数ある。ほかの入門書に進むのもよいだろう。私とは異なる見方についても知り、自分なりの読み方を見出してほしい。

本書の執筆のきっかけとなったのは、二〇一九年に実施した「ヘーゲル（再）入門ツアー2019」である（主催：GACCOH、オンガージュ・サロン、共催：よはく舎）。京都・出町柳の私塾GACCOHと、大阪のオンガージュ・サロンで、講義とワークショップを組み合わせたイベントを実施した。「ヘーゲル（再）入門」というタイトルには、「一度ヘーゲルに挑戦して挫折した方にも、もう一度挑戦していただけるように」という願いが込められていた。その後、東京・神田神保町の東京堂ホールでも「東京編」としてイベントが実現する。さらに続編として、同年末に「ヘーゲル（再）入門ツアー2019→2020」と題して、東京・池袋の東京セミナー学院でもイベントを実施することができた（こちらも主催・共催は同じ）。いま振り返ればコロナ禍直前の時期に運よく実施することができ、多くの方の前でヘーゲルの読み方をお話しする機会に恵まれた。すでに述べたように、最初の単著『全体論と一元論』の公刊は二〇二一年だから、まだ一冊の単著もなかった私の話を聞きに、多くの方が詰めかけてくださったことになる。ヘーゲル哲学を理解したいという皆さんの熱意に大いに勇気づけられ、私の研究者としてのキャリアにとっても転機となる出来事だった。

同企画にあたっては、オンガージュ・サロンの運営者で哲学者でもある朱喜哲《ちゅひちょる》さんが中心となって奔走してくださった。朱さんは昨年（二〇二三年）来立て続けに著作（『〈公正（フェアネス）〉を乗りこなす――正義の反対は別の正義か』太郎次郎社エディタス、『人類の会話のための哲学――ローティと21世紀のプラグマティズム』よはく舎）を公刊され、NHKの番組「100分 de 名著」にも出演されるなど、めざましい活躍をされている。また、同イベントを一緒に主催してくださったGACCOHの運営者である太田陽博《あきひろ》さんにも大変お世話になった。このときに太田さんに描いていただいたイラストを、許可を得ていまでもSNSのアイコンとして使わせていただいている。また、京都と大阪でのイベントの際には、イベント会場を兼ねているお二人のご自宅に宿泊までさせていただいた。このことはいまでも良い思い出となっている。

共催として同イベントの開催に尽力してくださり、本書執筆の直接のきっかけを与えてくださったのは、よはく舎の小林えみさんである。最後の池袋でのイベントに、本書の編集者である藁谷浩一さんが参加されていた。小林さんがそれに気づいて、その場で私と引き合わせてくださった。その後、ほどなくして本書の企画がスタートしたと記憶している。朱さん、太田さん、小林さんがいなければ本書はなかった。この場を借りて改めて感謝を申し上げたい。

執筆途中の原稿は、多くの方にコメントをいただいて改善することができた。九州大学で酒井健太朗さんと一緒に毎年実施している研究会「アクラシア会」では、酒井さんをはじめ、住吉《すみよし》燦史郎《さんしろう》さん、中谷内悠《なかやち》さん、丸山望実《のぞみ》さん、後藤真理子さんにコメントをいただいた。また、滝沢正之さん、和田慈《めぐむ》さん、葛谷潤《くずや》さん、久保田智也さん、下田和宣《かずのぶ》さんにも多くの有益なコメントをいただいた。もちろん本書は、直接コメントをいただいた方以外にも、多くの先生方や先輩、後輩、同僚等々の皆さんからの学恩の上に成り立っている。これまでに私に関わってくださった全ての方に改めて感謝したい。

先に企画がスタートしていた前著『考え抜く力』の執筆を優先させたことや、宮崎公立大学から横浜市立大学への異動もあり、池袋での企画のスタート時から数えると、丸五年もの時間が経《た》ってしまった。いつ明けるともしれないとすら思われたコロナ禍をまるまる含む五年である。編集者の藁谷さんは、この五年間を通じて企画と執筆に伴走してくださり、原稿にも全編にわたってコメントをくださった。現代のヘーゲル受容を扱った第七章を加えるにあたっても、藁谷さんとのメールでのやりとりに背中を押していただいた。深く感謝を申し上げたい。
また、本書は、ＪＳＰＳ科研費19K12925、23K21873、23K12002の助成を受けた研究成果の一部である。

本書を皆さんのもとに届けることができて、まずはほっとしている。しかし、誤りを含まない哲学書はない。それどころか、批判され乗り越えられるときにこそ最も価値を発揮する、という宿命を背負っているのが哲学書である。読者の皆さんの、忌憚《きたん》のないご批判を待ちたい。ヘーゲル哲学は、西洋哲学史を学ぶ者にとっての難関だと言われる。本書が、ヘーゲルという難関を皆さんが楽しみながら越えていくための一助となることを願っている。

二〇二四年一一月

川瀬和也

註

【はじめに】

＊1　このことを象徴する著作として、『ヘーゲル哲学への新視角』（加藤尚武編、創文社、一九九九年）がある。

＊2　この二人によるヘーゲルへの批判は、拙著『全体論と一元論――ヘーゲル哲学体系の核心』（晃洋書房、二〇二一年）でも取り上げた（二～三頁）。二人の批判の正確な文言について、詳しくはそちらを参照してほしい。

＊3　この点については、松田純『ヘーゲル歴史哲学の実像に迫る――新資料に基づくヘーゲル像の刷新』（知泉書館、二〇二三年）を参照。日本でも、この新たな文献学的研究の動向を反映した新しいヘーゲル全集が目下公刊中である。また、全集版以外の入手しやすい邦訳に『世界史の哲学講義　ベルリン　1822／23年（上・下）』（伊坂青司訳、講談社学術文庫、二〇一八年）、『宗教哲学講義』（山﨑純訳、講談社学術文庫、二〇二三年）がある。

【第一章】

＊1　Terry Pinkard, *Hegel: A Biography*, Cambridge University Press, 2000, ix.

＊2　Terry Pinkard, *Hegel: A Biography*, xi-xii.

＊3　加藤尚武は近年、「弁証法」全用語例の研究を発表しているが、そこでは「独立した『弁証法論理

学体系』という構想は、ヘーゲル自身にはない」と指摘されている（加藤尚武「論理は論理的に語ることができない――ヘーゲル『大論理学』の「弁証法」全用語例」、『ヘーゲル論理学研究』第二五号、二〇一九年、九頁）。

＊4　Robert B. Brandom, *A Spirit of Trust: A Reading of Hegel's Phenomenology*, The Belknap Press of Harvard University Press, 2019, p. 101. ブランダムと『信頼の精神』については、第七章で再び詳しく取り上げる。

【第二章】

＊1　Paul Grice, "Method in Philosophical Psychology（From the Banal to the Bizarre）," *Proceedings and Addresses of the American Philosophical Association*, vol. 48, 1975, p. 37.

＊2　ここで、なぜそのような意識が悟性と呼ばれるのか、というさらなる疑問が生じるかもしれないが、少なくとも入門の段階でそこに立ち止まるのは得策ではない。さしあたり、そのようなことを考える意識の段階に、「悟性」という名前が付けられている、という程度の理解にとどめておこう。

【第三章】

＊1　Donald Davidson, "Actions, Reasons, and Causes," 1963, in: Donald Davidson, *Essays on Actions and Events*, 2nd edition, Oxford University Press, 2001, pp. 3-19（ドナルド・デイヴィドソン「行為・理由・原因」、河島一郎訳、門脇俊介・野矢茂樹編・監修『自由と行為の哲学』春秋社、二〇一〇年、

一五七～一九〇頁）。アリストテレスの実践的推論については、高橋久一郎『シリーズ・哲学のエッセンス　アリストテレス――何が人間の行為を説明するのか？』（NHK出版、二〇〇五年）が詳しい。

＊2　この問題は、現代では「道徳的運」の問題として焦点化されることがある。ただしヘーゲルは行為の道徳的評価だけでなく、行為の説明そのものにとって事後的な展開が重要だと考えているように思われる。道徳的運については、入門的なものとして古田徹也『不道徳的倫理学講義――人生にとって運とは何か』（ちくま新書、二〇一九年）、より専門的なものとしてバーナード・ウィリアムズ『道徳的な運――哲学論集一九七三～一九八〇』（伊勢田哲治監訳、勁草書房、二〇一九年）を参照。また、ヘーゲルの行為論については、ロバート・B・ピピン『ヘーゲルの実践哲学――人倫としての理性的行為者性』（星野勉監訳、大橋基・大藪敏宏・小井沼広嗣訳、法政大学出版局、二〇一三年）が詳しい。

＊3　Robert B. Pippin, *Hegel's Practical Philosophy: Rational Agency as Ethical Life*, Cambridge University Press, 2008, p. 161（ロバート・B・ピピン『ヘーゲルの実践哲学――人倫としての理性的行為者性』二七一～二七二頁）。なお本節の議論は、この例が登場する同書第六章でのヘーゲル解釈に大きな影響を受けている。

＊4　斎藤幸平『１００分 de 名著　ヘーゲル『精神現象学』』NHK出版、二〇二三年、九三頁。

【第四章】

＊1　加藤尚武「悟性批判――ヘーゲル「弁証法」全用語例の研究」、『ヘーゲル論理学研究』第二六号、二〇二〇年、四五頁。

＊2　さらに視野を広くとれば、この議論は西洋哲学史における哲学方法論をめぐる論争史の中の一つのエピソードとしても捉えられるかもしれない。太田匡洋は、著書『もう一つの19世紀ドイツ哲学史――ポストカントにおける哲学方法論の系譜』（京都大学学術出版会、二〇二二年）において、ヘーゲルと同時代の哲学者であるJ・F・フリースの哲学について整理する中で、フリースが自らの方法を「背進的方法」として特徴づけていたと指摘している。フリースの「背進的方法」は「分析的方法」とも呼ばれ、「前進的方法」および「総合的方法」と対をなす（五〇～五一頁）。この「分析的方法」と「総合的方法」の対立はアリストテレスにまで遡り、近世・近代の西洋哲学において一貫して論じられた。淵田仁『ルソーと方法』（法政大学出版局、二〇一九年）では、ヘーゲル以前のフランスの哲学者J・J・ルソーの哲学におけるこれら二つの方法が主題化されている。この観点から見れば、ヘーゲルは分析的方法と総合的方法の区別をも流動化させようとしていると言えるかもしれない。

＊3　「反省」という言葉のニュアンスについて詳しくは、第五章を参照。

＊4　例えば真田美沙は、「ヘーゲルの他の著作との連関からは、質論の無限性概念で念頭におかれているのが、スピノザにおける絶対的肯定である無限、神や実体であることは明らかである」としている（「ヘーゲル論理学存在論における三つの無限性――イェーナ論理学「一重の関係」から『大論理学』「存在論」へ」、『哲学』第六八号、二〇一七年、一四一頁）。真田は初期ヘーゲルの草稿『一八〇〇年体系断片』や、同じく初期の論文『信仰と知』を念頭に置いているようだが、後期の『宗教哲学講義』においても、神との関連で無限について論じられている。なお、真田の論文は、本書で触れることのできなかった「量的無限」について詳述したものとしても注目に値する。

【第五章】

＊1　よりかみ砕いた議論は拙著『ヘーゲル哲学に学ぶ 考え抜く力』（光文社新書、二〇二二年）第四章でも展開したため、ここでは繰り返さない。

＊2　「現れ」と訳した「シャイン Schein」は「仮象」「映現」「影像」などとも訳される。

＊3　ここでのヘーゲルの文章の読み方には、一つ注意を喚起しておく必要があるだろう。文章の読み方の定石からすれば、「第一に」「第二に」といった副詞は、複数の主張や特徴を並べて書くときのシグナルである。基本的に、それらの間で議論が大きく転換することはないはずだ。しかし、ヘーゲルにおいては、こうした表現が出てきた場合に、対立する特徴が並べて書かれ、そこで議論が大きな転換を見せることがままある。したがって定石は通用せず、むしろ理解の妨げになってしまう。このようなヘーゲルの表現の「くせ」に慣れることも、ヘーゲルを読むためのコツである。ちなみに、これと似た独特の使われ方をする表現に「同様に」がある。ヘーゲルはしばしば、全く同様でない逆のことを「同様に」という言葉でつなごうとする。好意的に解釈すれば、おそらくヘーゲルはわざと予測を裏切る表現を用いることで、読者に思考を促しているのだろう。

＊4　この区別は、現代の形而上学者トゥオマス・E・タフコが強調する想像可能性と形而上学的可能性の区別に対応づけられうると私は考えている。タフコの議論については、タフコ「アリストテレス的形而上学を擁護する」（トゥオマス・E・タフコ編著『アリストテレス的現代形而上学』加地大介・鈴木生郎・秋葉剛史・谷川卓・植村玄輝・北村直彰訳、春秋社、二〇一五年所収）を参照。

＊5　議論が煩雑になりすぎるので省略したが、ヘーゲルは偶然性としての形式的現実性を、偶然的であることが必然的だという意味で「形式的必然性」とも呼び、まさに必然的なものとして捉えられた実在的現実性のことを「実在的必然性」とも呼んでいる。これらを省略するという私の判断の是非については、各自でヘーゲルの文章にあたって確認してほしい。

＊6　多元宇宙論の解説書は多々あるが、本項の執筆にあたっては村山斉『宇宙は本当にひとつなのか――最新宇宙論入門』（講談社ブルーバックス、二〇一一年）を参照した。

＊7　ア・プリオリ性を重視する見方と、歴史の偶然性を強調する系譜学的な見方のいずれとも異なる立場としてヘーゲルの立場を提示する戦略は、Robert B. Brandom, *A Spirit of Trust* (The Belknap Press of the Harvard University Press, 2019) に見られる。この論点については、拙論「言説的実践とヘーゲル的相互承認」（『哲学』第七四号、二〇二三年）も参考になるだろう。

【第六章】

＊1　なお、現代では、ヘーゲルの時代を含む一九世紀までの論理学は「伝統的論理学」と呼ばれている。一九世紀末にG・フレーゲらが現代の数理論理学に通じる新たな論理学を創始し、論理学研究は刷新された。現代では論理学は、集合論などの現代数学の道具立てを駆使する研究分野へと変貌を遂げている。そのため現代では、概念・判断・推論を基本とする論理学は「伝統的論理学」と呼ばれることとなった。この現代の用語法を用いると、「概念論」では伝統的論理学が扱われていると言うことができる。本文でも特に混乱を招くことはないと判断して、断りなしに「伝統的論理学」の語を用いた箇所がある。

＊2　ここでの説明はあくまでもヘーゲルを離れた普遍についての一般的な理解であることに注意してほしい。ヘーゲルは抽象的ではない「具体的普遍」があると論じ、普遍＝抽象という図式を崩そうとしている。

＊3　これら二つの想定反論を考案するにあたっては、本書の草稿段階でカント研究者の滝沢正之氏からいただいたコメントが大変参考になった。もちろん最終的な責任は筆者にある。

＊4　なぜヘーゲルはカントの演繹論が失敗すると考えたのだろうか。本書ではこれ以上踏み込まないが、この問題は、ヘーゲル解釈において重要な問題であり続けてきた。例えば、ロバート・B・ピピンは、主著 *Hegel's Idealism: The Satisfactions of Self-Consciousness* (Cambridge University Press, 1989.『ヘーゲルの観念論』未邦訳）において、カントが『純粋理性批判』第二版一六〇頁の注で展開する「形式的直観」についての議論を取り上げて、ここでカントは直観と概念の区別を放棄せざるをえなくなっていると指摘している。より詳しくは、拙著『全体論と一元論』の第二章も参照。

＊5　本書の目的はヘーゲル哲学を理解する手がかりを提示することであるため、ここではヘーゲルによるカント批判ばかりを一方的に紹介しているが、この批判は決定的なものとは見なされていない。概念と直観を分けるべきかどうか、この点でカントは正しかったのか否か、現代でも論争は続いている。

＊6　カント哲学は批判哲学と言われるが、その「批判」という言葉の原義が「分ける」であることもしばしば指摘される。御子柴善之『カント哲学の核心　『プロレゴーメナ』から読み解く』（NHKブックス、二〇一八年）では、カント哲学において「分ける」ことが持つ重要性が強調されている。

＊7　そのような無害化が本当に可能か、という問いは、問われるに値する。もしこの無害化が失敗して

いるとすれば、ヘーゲル哲学は本来なら同時に取り込むことのできない二つのものを「あれも、これも」不当に取り込もうとしているという、キルケゴール的精神に基づいた批判が正しい、ということになるかもしれない。

【第七章】

＊1　『存在と時間』からの引用は、節番号によって示した。あまり一般的とは言えないが、邦訳が多数あり、この形式が読者にとって最も参照しやすいと考えたためである。

＊2　カトリーヌ・マラブー『ヘーゲルの未来――可塑性・時間性・弁証法』西山雄二訳、未來社、二〇〇五年。マラブーからの引用は原文を確認した上で、同邦訳をそのまま用いた。以下、引用にあたっては同訳書の頁数のみを記す。

＊3　ハイデガーがカントをどのように受容したかについては、丸山文隆『ハイデッガーの超越論的な思索の研究――『存在と時間』から無の形而上学へ』（左右社、二〇二一年）が詳しい。

＊4　ブランダムの推論主義とヘーゲルの関係については、寄川条路編著『ヘーゲルと現代思想』（晃洋書房、二〇一七年）第3章の拙論「アメリカのプラグマティズム」で詳論した。ブランダムについてより詳しく知りたい場合は、白川晋太郎『ブランダム　推論主義の哲学』（青土社、二〇二一年）を参照。

川瀬和也（かわせ　かずや）

横浜市立大学国際教養学部准教授。一九八六年宮崎県生まれ。東京大学大学院人文社会系研究科博士課程単位取得満期退学、博士（文学）。宮崎公立大学人文学部准教授などを経て、二〇二四年より現職。専門はヘーゲル哲学、特に論理学。英語圏のヘーゲル研究の成果を取り入れ、ヘーゲル哲学が持つ現代的意義を明らかにすることを目指している。日本ヘーゲル学会理事。著書に『全体論と一元論』『ヘーゲル哲学に学ぶ　考え抜く力』がある。

ヘーゲル（再《さい》）入門《にゅうもん》

集英社新書一二四二C

二〇二四年一二月二二日　第一刷発行

著者……川《かわ》瀬《せ》和《かず》也《や》

発行者……樋口尚也

発行所……株式会社集英社

東京都千代田区一ツ橋二-五-一〇　郵便番号一〇一-八〇五〇

電話　〇三-三二三〇-六三九一（編集部）

〇三-三二三〇-六〇八〇（読者係）

〇三-三二三〇-六三九三（販売部）書店専用

装幀……原　研哉

印刷所……TOPPAN株式会社

製本所……加藤製本株式会社

定価はカバーに表示してあります。

ISBN 978-4-08-721342-3 C0210

Printed in Japan

集英社新書　好評既刊

社会――B

- 「他者」の起源　ノーベル賞作家のハーバード連続講演録　トニ・モリスン
- 言い訳　関東芸人はなぜM-1で勝てないのか　ナイツ塙 宣之
- 自己検証・危険地報道　安田純平 ほか
- 都市は文化《アート》でよみがえる　大林 剛郎
- 「言葉」が暴走する時代の処世術　太田 光／山極 寿一
- 性風俗シングルマザー　坂爪 真吾
- 美意識の値段　山口 桂
- ストライキ2.0　ブラック企業と闘う武器　今野 晴貴
- 香港デモ戦記　小川 善照
- ことばの危機　大学入試改革・教育政策を問う　東京大学文学部広報委員会・編
- 国家と移民　外国人労働者と日本の未来　鳥井 一平
- LGBTとハラスメント　神谷 悠一／松岡 宗嗣
- 変われ！ 東京　自由で、ゆるくて、閉じない都市　隈 研吾／清野 由美
- 東京裏返し　社会学的街歩きガイド　吉見 俊哉
- 人に寄り添う防災　片田 敏孝
- プロパガンダ戦争　分断される世界とメディア　内藤 正典

- イミダス　現代の視点2021　イミダス編集部・編
- 中国法「依法治国」の公法と私法　小口 彦太
- 福島が沈黙した日　原発事故と甲状腺被ばく　榊原 崇仁
- 女性差別はどう作られてきたか　中村 敏子
- 原子力の精神史――〈核〉と日本の現在地　山本 昭宏
- ヘイトスピーチと対抗報道　角南 圭祐
- 世界の凋落を見つめて　クロニクル2011-2020　四方田犬彦
- 「自由」の危機――息苦しさの正体　藤原辰史／内田 樹 ほか
- 「非モテ」からはじめる男性学　西井 開
- 妊娠・出産をめぐるスピリチュアリティ　橋迫 瑞穂
- マジョリティ男性にとってまっとうさとは何か　杉田 俊介
- 書物と貨幣の五千年史　永田 希
- インド残酷物語　世界一たくましい民　池亀 彩
- シンプル思考　里崎 智也
- 韓国カルチャー　隣人の素顔と現在　伊東 順子
- 「それから」の大阪　スズキナオ
- ドンキにはなぜペンギンがいるのか　谷頭 和希

a pilot of wisdom

何が記者を殺すのか 大阪発ドキュメンタリーの現場から　斉加尚代
フィンランド　幸せのメソッド　堀内都喜子
私たちが声を上げるとき アメリカを変えた10の問い　和泉真澄／坂下史子ほか
「黒い雨」訴訟　小山美砂
差別は思いやりでは解決しない　神谷悠一
ファスト教養 10分で答えが欲しい人たち　レジー
非科学主義信仰 揺れるアメリカ社会の現場から　及川順
おどろきのウクライナ　橋爪大三郎／大澤真幸
対論　1968　笠井潔／絓秀実
武器としての国際人権　藤田早苗
小山田圭吾の「いじめ」はいかにつくられたか　片岡大右
クラシックカー屋一代記　涌井清春／金子浩久構成
カオスなSDGs グルっと回せばうんこ色　酒井敏
「イクメン」を疑え！　関口洋平
差別の教室　藤原章生
ハマのドン 横浜カジノ阻止をめぐる闘いの記録　松原文枝
なぜ豊岡は世界に注目されるのか　中貝宗治

続・韓国カルチャー 描かれた「歴史」と社会の変化　伊東順子
トランスジェンダー入門　周司あきら／高井ゆと里
スポーツの価値　山口香
「おひとりさまの老後」が危ない！ 介護の転換期に立ち向かう　上野千鶴子／高口光子
男性の性暴力被害　宮﨑浩一／西岡真由美
推す力 人生をかけたアイドル論　中森明夫
正義はどこへ行くのか 映画・アニメで読み解く「ヒーロー」　河野真太郎
さらば東大 越境する知識人の半世紀　吉見俊哉
「断熱が日本を救う」 健康、経済、省エネの切り札　高橋真樹
鈴木邦男の愛国問答　鈴木邦男／白井聡解説
文章は「形」から読む　阿部公彦
なぜ働いていると本が読めなくなるのか　三宅香帆
贖罪 殺人は償えるのか　藤井誠二
日韓の未来図 文化への熱狂と外交の溝　小針進／大貫智子
カジノ列島ニッポン　高野真吾
引き裂かれるアメリカ トランプをめぐるZ世代　及川順
遊びと利他　北村匡平

a pilot of wisdom

永六輔の伝言 僕が愛した「芸と反骨」 矢崎泰久・編
淡々と生きる 100歳プロゴルファーの人生哲学 内田 棟
若者よ、猛省しなさい 下重暁子
イスラーム入門 文明の共存を考えるための99の扉 中田 考
ダメなときほど「言葉」を磨こう 萩本欽一
ゾーンの入り方 室伏広治
人工知能時代を〈善く生きる〉技術 堀内進之介
究極の選択 桜井章一
母の教え 10年後の『悩む力』 姜 尚中
一神教と戦争 橋爪大三郎 中田 考
善く死ぬための身体論 内田 樹 成瀬雅春
世界が変わる「視点」の見つけ方 佐藤可士和
いま、なぜ魯迅か 佐高 信
人生にとって挫折とは何か 下重暁子
全体主義の克服 マルクス・ガブリエル 中島隆博
悲しみとともにどう生きるか 柳田邦男 若松英輔 ほか
原子力の哲学 戸谷洋志

退屈とポスト・トゥルース マーク・キングウェル 上岡伸雄・訳
「利他」とは何か 伊藤亜紗・編
はじめての動物倫理学 田上孝一
ポストコロナの生命哲学 福岡伸一 伊藤亜紗 藤原辰史
哲学で抵抗する 高桑和巳
いまを生きるカント倫理学 秋元康隆
未来倫理 戸谷洋志
日本のカルトと自民党 政教分離を問い直す 橋爪大三郎
アジアを生きる 姜 尚中
サークル有害論 なぜ小集団は毒されるのか 荒木優太
スーフィズムとは何か イスラーム神秘主義の修行道 山本直輝
スーザン・ソンタグ 「脆さ」にあらがう思想 波戸岡景太
一神教と帝国 内田 樹 中田 考 山本直樹
「おりる」思想 無駄にしんどい世の中だから 飯田 朔
福沢諭吉「一身の独立」から「天下の独立」まで 中村敏子
限界突破の哲学 アレキサンダー・ベネット
教養の鍛錬 日本の名著を読みなおす 石井洋二郎

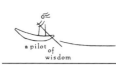